BOB SORGE

QUANDO A DOR LEVA À VITÓRIA

UMA REFLEXÃO PROFÉTICA DO LIVRO DE JÓ

Sorge, Bob
Quando a dor leva à vitória – uma reflexão profética do Livro de Jó / Bob Sorge; [tradução de Thayse Mota]. Curitiba, PR : Editora Atos, 2021.
16 cm x 23 cm – 168 p.
Título original: *PAIN, PERPLEXITY AND PROMOTION: A prophetic interpretation of the book of Job.*
ISBN: 978-65-994391-1-7
1. Vida cristã   2. Experiência religiosa   I. Título.
CDD: 248

Copyright© by Bob Sorge
Copyright©2021 por Editora Atos
Todos os direitos reservados

Coordenação editorial: Manoel Menezes
Capa: Leandro Schuques
Primeira edição em português: 2021

Nenhuma parte deste livro pode ser reproduzida, arquivada ou transmitida por qualquer meio – eletrônico, mecânico, fotocópias, etc. – sem a devida permissão dos editores, podendo ser usada apenas para citações breves.

Os textos bíblicos mencionados neste livro são da versão
Almeida Clássica Corrigida.

Publicado com a devida autorização e com todos os direitos reservados pela EDITORA ATOS LTDA.

Atos

www.editoraatos.com.br

Encontre Bob em:
oasishouse.com
twitter.com/BOBSORGE
Facebook.com/BobSorgeMinistry
Blog: bobsorge.com
No Youtube.com, "Bob Sorge Channel"
Instagram: bob.sorge

Prefácio

Deus fez isso novamente – nos deu outro "clássico" por meio de meu querido amigo Bob Sorge. O primeiro foi seu livro *O Fogo das Respostas Tardias*, e agora este.

Somente uma pessoa que esteve na fornalha das provas de Deus no grau e pelo tempo em que Bob esteve, e que respondeu a Deus da maneira que ele fez, poderia ser confiada por Deus com tão profundos conhecimentos sobre o livro de Jó.

Faça um favor a si mesmo e derrame seu conteúdo com uma mente aberta e um coração humilde e faminto por aprender o que Deus está dizendo ao Seu povo neste momento. Garanto que você terminará com uma revelação maior do caráter e dos caminhos de Deus em relação aos propósitos das provações de fogo, à medida que chegam a todos os que clamaram "para conhecê-Lo, e à virtude da Sua ressurreição, e à comunhão de Suas aflições, sendo feito conforme Sua morte" (Filipenses 3.10).

Este livro não é para indagadores casuais da verdade, mas para aqueles que desejam a verdade a qualquer preço e estão dispostos a mudar suas teorias, filosofias e teologia anteriores, se necessário.

Joy Dawson

Apresentação

O livro de Jó é para hoje. É uma imagem profética predizendo a natureza dos tratos de Deus para com Seu povo no fim dos tempos.

Este livro não foi escrito para dar a você uma percepção melhor de um livro da Bíblia. Foi escrito para permitir que você entenda a natureza e o propósito do fogo que está afetando sua vida nestes últimos dias.

Deus planejou que o primeiro livro escrito da Bíblia instruísse e servisse os santos no fim dos tempos, pois há uma queda e refinação que é profetizada a respeito dos santos que vivem no fim dos tempos: *"Alguns dos sábios cairão para serem provados, purificados e embranquecidos, até o fim do tempo, pois isso será ainda para o tempo determinado"* (Daniel 11.35).

Dedico este livro à atual geração do fim dos tempos – a geração de meus filhos Joel, Katie e Michael – aqueles que enfrentarão fogos maiores do que seus predecessores. Oro para que este livro o ilumine enquanto você procura interpretar o cadinho[1] e o capacite a cooperar com os propósitos apressados de Deus na última hora.

Leia este livro com discernimento, enquanto você está sendo refinado e purificado, pois ainda é tempo.

Bob Sorge
Kansas City, Missouri

---

1 NT: Cadinho é um recipiente em forma de pote, normalmente com características refratárias, resistente a temperaturas elevadas, no qual são fundidos materiais a altas temperaturas. Os ourives e os alquimistas o usam há séculos para purificar o ouro. Metaforicamente, cadinho é o lugar ou circunstância apropriada a evidenciar as melhores qualidades de algo ou alguém.

Índice

Prefácio 3
Apresentação 5
1. Deus Começa Uma Briga 9
2. Um Homem Íntegro 13
3. Interpretando O Livro 18
4. Jó, O Pioneiro 26
5. Jó, O Adorador 34
6. A Mulher de Jó 38
7. Os Três Amigos de Jó 43
8. Eliú 54
9. Paralelos Com A Cruz 63
10. O Fracasso de Jó 72
11. Aceitando a Disciplina de Deus Com Um Espírito Aberto 78
12. Sagrado Desespero 90
13. Buscando Fervorosamente 95
14. Compromisso Com A Integridade 101
15. Como Deus Mudou o Paradigma Paternal de Jó 116
16. As Três Filhas de Jó 147
17. As Conquistas de Jó 156

1

Deus Começa Uma Briga

Se você não o fez recentemente, leia os dois primeiros capítulos de Jó. Eles pintam o pano de fundo para o resto do livro. Aqui está a essência da história.

Jó é um homem piedoso e rico, com dez filhos que adoram festas. Temendo pela condição espiritual deles, Jó oferece regularmente holocaustos em favor dos filhos para expiar seus pecados.

Percebendo a piedade de Jó, Deus diz a Satanás: **"Observaste Meu servo Jó? Porque ninguém há na terra semelhante a ele, homem sincero e reto, temente a Deus e que se desvia do mal"** (1.8)[1]. Basicamente, Deus está começando uma briga com Satanás e Jó é o bode expiatório. E no momento em que isso está acontecendo, Jó não sabe nada sobre essa conversa celestial.

É essencial destacar esta verdade: *toda a saga que está prestes a se desenrolar é o resultado da provocação de Deus, não de Satanás.* Do início ao fim, tudo isso é ideia de Deus.

---

[1] Todas as citações do livro de Jó estão impressas em negrito.

Uma Aposta Divina

Satanás responde a Deus sobre Jó, com muitas palavras: "Não é de se admirar que Jó Te sirva. Ele não é bobo. Tu o abençoas; Tu o proteges; Tu respondes suas orações. Ele seria um tolo se abandonasse esse acordo conveniente que ele tem Contigo. Mas não pense por um momento, Deus, que Jó Te serve porque Te ama. Ele não Te ama por quem Tu és; ele Te ama pelo que fazes por ele. Ele Te ama apenas por causa das bênçãos que Tu esbanjas sobre ele. E se me deres uma chance, vou Te provar isso. Retire a Tua sebe de proteção da vida dele, e deixe-me tentar contra ele, e aposto que ele Te amaldiçoará na Tua face!"

Deus então responde, basicamente, dizendo: "Temos um acordo! Vá em frente, dê um golpe em Jó; removerei Minha sebe de proteção em torno da vida dele, e veremos se você está certo. Você pode tocar em qualquer coisa que ele possua, mas não deve tocar em sua pessoa".

Então Deus e Satanás fizeram apostas, e Jó é a cobaia.

Primeira Rodada: Satanás Fere as Coisas de Jó

"Certo dia, quando os filhos e as filhas de Jó comiam e bebiam vinho na casa de seu irmão primogênito, veio um mensageiro a Jó e lhe disse: Os bois lavravam e as jumentas pastavam junto a eles; de súbito os sabeus os atacaram e os levaram. Eles feriram os servos ao fio da espada; só eu escapei para te trazer a notícia. Enquanto este ainda falava, veio outro e disse: Fogo de Deus caiu do céu e queimou as ovelhas e os servos, consumindo-os; só eu escapei para te trazer a notícia. Enquanto este ainda falava, veio outro e disse: Dividindo-se os caldeus em três grupos, deram sobre os camelos e os levaram e ainda feriram os servos ao fio da espada; só eu escapei para te trazer a notícia. Enquanto este ainda falava, veio outro e disse: Estando teus filhos e tuas filhas comendo e bebendo vinho na casa de seu irmão primogênito, um forte vento veio dalém do deserto e deu nos quatro cantos da casa, e esta caiu sobre eles, e morreram; só eu escapei para te trazer a notícia" (1.13-19).

Na passagem acima, Satanás matou os servos de Jó, tomou seus bois, seus jumentos, suas ovelhas, seus camelos e depois matou seus dez filhos. Mas a resposta de Jó no capítulo 1, versos 20-22, é absolutamente incrível! Ele rasga seu manto, raspa a cabeça e cai no chão em adoração a Deus. Ele não amaldiçoa a Deus como Satanás apostou. Em vez disso, ele adora!

> **"Então Jó se levantou, rasgou o manto, rapou a cabeça, se lançou em terra, adorou e disse: Nu saí do ventre de minha mãe e nu voltarei para lá. O Senhor o deu e o Senhor o tomou; bendito seja o nome do Senhor. Em tudo isto, Jó não pecou nem atribuiu a Deus falta alguma"** (1.20-22).

O Versículo 22 afirma que Jó não pecou na primeira rodada, então vamos para a segunda.

Segunda Rodada: Satanás Fere a Saúde de Jó

Deus também inicia a próxima conversa com Satanás:

> **"O Senhor disse a Satanás: Observaste o Meu servo Jó? Porque ninguém há na terra semelhante a ele, homem sincero e reto, temente a Deus e que se desvia do mal. Ele ainda retém a sua sinceridade, embora tu Me houvesses incitado contra ele, para o consumir sem causa. Então Satanás respondeu ao Senhor: Pele por pele! Tudo quanto o homem tem dará pela sua vida. Estende, porém, a mão, toca-lhe nos ossos e na carne e verás se não blasfema contra Ti na Tua face. O Senhor disse a Satanás: Ele está sob o teu poder, porém preserva-lhe a vida. Então Satanás saiu da presença do Senhor e feriu Jó de uma chaga maligna, desde a planta do pé até o alto da cabeça"** (2.3-7).

Quando Deus menciona Jó a Satanás pela segunda vez, Satanás se recusa a admitir que perdeu a aposta, então ele basicamente diz: "Não há nada mais importante para um homem do que sua saúde. Remova Tua proteção da saúde dele e descobrirás o que Jó realmente pensa sobre Ti. Porque ele não Te ama por quem Tu és, ele Te ama por como Tu o abençoas. Fere a saúde dele, e ele irá Te amaldiçoar na Tua face!"

Então Deus disse a Satanás: "Combinado! Você pode ferir o corpo de Jó, você simplesmente não pode tirar a vida dele".

Cada vez Deus estabelece os limites que Satanás não pode cruzar. Ainda assim, Satanás é mestre em infligir dor (uma verdade que está encarnada na cruz). Ele encontra uma maneira de produzir o máximo de sofrimento ao corpo de Jó, sem matá-lo.

Como Jó responde a tudo isso?

"Assentado no meio da cinza, Jó pegou um caco para se raspar. Então a sua mulher lhe disse: Ainda manténs tua sinceridade? Amaldiçoa a Deus e morre. Porém, ele lhe respondeu: Falas como qualquer louca. Temos recebido o bem de Deus e não receberíamos também o mal? Em tudo isto não pecou Jó com os lábios" (2.8-10).

Então, os três amigos de Jó o visitam – para chorarem com ele e confortá-lo. Eles estão tão perturbados com sua condição deplorável que se sentam no chão com ele por sete dias e sete noites, sem palavras.

Após sete dias de silêncio, Jó abre a boca e descarrega sua agonia. Isso inicia uma série de diálogos entre Jó e seus três amigos, e essas conversas abrangem a maior parte do livro (capítulos 3-31). Em seguida, um jovem chamado Eliú expõe suas opiniões nos capítulos 32-37 e, depois, nos capítulos 38-41, Deus fala com Jó. Finalmente, o capítulo 42 conta a história da restauração de Jó e subsequente bem-aventurança.

Portanto, o livro inicia com Deus começando uma briga e termina com Satanás perdendo sua aposta. Jó não apenas prova que ama a Deus por um motivo puro, mas também é radicalmente transformado no processo. É essa transformação de Jó que é o tema central de tudo o que você está prestes a ler. Agora, vamos dar uma olhada nas chaves que desvendam esse livro.

2

Um Homem Íntegro

"Havia um homem na terra de Uz, cujo nome era Jó. Este homem era sincero, reto e temente a Deus, desviando-se do mal" (1.1).

A Primeira Chave Para Entender o Livro

O livro de Jó nunca se abrirá para você até que você reconheça esta premissa fundamental além de qualquer dúvida: Jó era um homem piedoso, íntegro, que não fez nada de pecaminoso para merecer a calamidade que atingiu sua vida. Enquanto você procurar coisas que Jó possa ter feito de errado para sofrer como ele sofreu, você nunca desvendará o mistério desse livro. O testemunho consistente de Deus tanto no primeiro como no último capítulo é que Jó era um homem justo e que manteve sua piedade durante a maior provação de sua vida.

Um dos erros comuns que muitos intérpretes cometem é que eles começam a pesquisar a vida de Jó em busca das razões pelas quais tal devastação veio sobre ele. Por exemplo, eu ouvi pessoas dizerem que a calamidade veio sobre ele por causa do medo em sua vida. Eles baseiam isso na declaração de Jó em 3.25: **"Porque o que eu temia me sobreveio, e o que receava me aconteceu"**. Há um certo grau de verdade no ensino de que nos vinculamos àquilo que tememos, mas não é isso que está acontecendo com Jó. O que ele temia era o destino de seus filhos. Ele sabia que, por meio de suas ofertas de sacrifício, Deus perdoaria seus filhos, mas temia que eles ainda pudessem colher as consequências de sua imprudência e descaso. Suas mortes agora pareciam confirmar a validade de seus temores. Ele não temia por si mesmo, mas tinha um temor piedoso pelo bem-estar de seus filhos – algo que qualquer pai íntegro carrega. Este era um temor saudável, não um temor equivocado que precipitou as provações de Jó.

A calamidade de Jó não foi resultado de medo, descrença ou orgulho em sua vida. A calamidade foi resultado de sua piedade.

O livro é muito claro ao documentar a integridade de Jó. O próprio Deus testemunha a integridade de Jó:

- 1.8 – O Senhor **disse a Satanás: Observaste Meu servo Jó? Porque ninguém há na terra semelhante a ele, homem sincero e reto, temente a Deus e que se desvia do mal".**
- 2.3 – O Senhor **disse a Satanás: Observaste o meu servo Jó? Porque ninguém há na terra semelhante a ele, homem sincero e reto, temente a Deus e que se desvia do mal. Ele ainda retém a sua sinceridade, embora tu me houvesses incitado contra ele, para o consumir sem causa".**

Neste último versículo, o próprio Deus declara que não havia motivo ímpio para a aflição de Jó.

O Espírito Santo ainda dá testemunho do tamanho da piedade de Jó em duas outras partes das Escrituras. Em Ezequiel 14.14, Jó é classificado na mesma categoria espiritual de Noé e Daniel: "Ainda que estivessem no meio dela estes três homens: Noé, Daniel e Jó, eles, pela sua justiça, livrariam apenas a sua alma, diz o Senhor Deus". E Tiago 5.11 coloca Jó diante de nós como um exemplo piedoso de perseverança. Portanto, o Espírito Santo usa duas outras testemunhas, Ezequiel e Tiago (pois "pela boca de duas ou três testemunhas será confirmada toda palavra"), para confirmar a piedade de Jó.

Jó sofreu, não por causa do que fez de errado, mas por causa do que fez de certo. Se não fosse por sua retidão, Deus nunca teria Se gabado dele para Satanás em primeiro lugar (ver Jó 1.8). Foi sua santidade incomum que precipitou suas provações.

Este livro, então, serve como um padrão para nos mostrar como Deus usa circunstâncias dolorosas na vida de Seus escolhidos – os quais se qualificaram para o avanço espiritual por causa de sua obediência e inocência – a fim de levá-los a uma dimensão mais elevada da realidade espiritual. Jó é um dos grandes homens da história a que Hebreus 12.23 se refere quando fala sobre "os espíritos dos justos aperfeiçoados". Jó era um homem justo cuja fé e amor foram aperfeiçoados por meio do sofrimento.

Definindo a Integridade

Quando se diz que Jó era íntegro, não significa que ele não tinha pecado. Nenhum de nós está sem pecado (1 João 1.8). Ser inocente é viver nossas vidas diante dos outros de forma que eles não possam nos acusar de pecados óbvios ou visíveis (1 Timóteo 3.2; 6.14). Mesmo aqueles que são íntegros diante das pessoas têm falhas internas que Deus vê. Esses pecados ocultos do coração são chamados de iniquidades, e Jó reconhece que ele tem iniquidade (10.6,14). Então, quando ele defende sua integridade, ele não está alegando impecabilidade; ele está simplesmente afirmando que não há nenhum grande pecado sombrio em sua vida para explicar sua calamidade.

Às vezes, sofremos por causa da pecaminosidade, dos erros, das fraquezas ou deficiências em nossa vida. Mas Jó é um excelente exemplo de que também é possível que o povo de Deus sofra muito, embora não tenha feito nada de errado. *Devemos recuperar o entendimento de que é possível fazer tudo certo e ainda assim experimentar grande angústia e perturbação.* "Muitas são as aflições do justo" (Salmos 34.19).

Deve ser concluído sem discussão ou argumento: Jó não fez nada pecaminoso para incorrer em sua calamidade maligna. Quanto mais estudo esse livro, mais cresce minha estima de Jó. Ele foi um dos homens mais piedosos de toda a história humana.

Jó é o homem piedoso do livro. Devo resistir a qualquer interpretação que busque colocar qualquer outra pessoa no livro no campo de jogo espiritual de Jó. Alguns intérpretes veem Eliú como designado por

Deus para repreender Jó ou como comissionado por Deus para preparar Jó para sua revelação de Deus. Discordo.

Esse é o livro de um homem incrivelmente piedoso que está rodeado de cães, "touros de Basã" que correram para ele e o feriram (Salmo 22.12). Nunca mais as Escrituras mencionam Elifaz ou Eliú, ou qualquer um deles. Mas que honra é dada a Jó nas Escrituras! Tiago testifica dele: "Eis que temos por bem-aventurados os que sofrem. Ouvistes sobre a paciência de Jó e vistes o fim que o Senhor lhe deu. Porque o Senhor é muito misericordioso e piedoso" (Tiago 5.11). Nesse contexto, Tiago chama Jó de profeta. Jó é *o* homem; os outros não se aproximam da piedade de Jó.

A mensagem desse livro começa a ser revelada para nós quando estabelecemos que a mais terrível calamidade veio sobre o homem mais justo da Terra. Desta forma e de outras, Jó é um claro exemplo profético do próprio Cristo.

Precisando de Correção

A opinião de Deus sobre Jó no final do livro parece ser contraditória. Deus parece estar sendo contraditório com as seguintes declarações:

- **"Quem é este que escurece o conselho com palavras sem conhecimento?"** (38.2).

- **"Ao terminar de dizer essas palavras a Jó, o SENHOR disse a Elifaz, o temanita: Minha ira se acendeu contra ti e teus dois amigos, porque não dissestes de Mim o que era reto, como o Meu servo Jó"** (42.7).

Então, qual é a verdade, Senhor? Acaso Jó escureceu Teu conselho, ou ele falou justamente de Ti? A resposta é vista naquele com quem Deus está falando. *Na frente do homem, Deus fala correção; mas, ao falar dele a outros, Deus o justifica como um servo devoto que veio a compreender os maiores mistérios da piedade.*

Sim, Jó precisava de correção. Todos nós precisamos. Nenhum de nós jamais amadurecerá além da necessidade de correção. Mas Deus não permitiu as calamidades de Jó porque precisava repreendê-lo – Ele as permitiu porque tinha uma dimensão particularmente maravilhosa de liderança espiritual no destino de Jó.

O livro de Jó fala diretamente aos santos que mantiveram seus corações puros diante de Deus, mas, mesmo assim, enfrentaram traumas e crises inexplicáveis.

Acompanhe-me, por favor, neste breve livro. Serei o mais conciso possível e mostrarei como Jó serve de padrão para a vida do crente – um padrão de como Deus nos leva a novos domínios de promoção espiritual. Mas, primeiro, tenhamos certeza de que estamos olhando para o livro pela perspectiva certa.

3

Interpretando O Livro

"Hermenêutica" é uma palavra sofisticada que os estudantes da Bíblia usam para denominar "a ciência de interpretar a Bíblia". Cada vez que estudamos uma parte das Escrituras, estamos tentando interpretar o que ela significa. Os princípios hermenêuticos, devidamente aplicados, podem nos ajudar a desvendar os significados mais completos da Palavra de Deus.

Para entendermos o livro de Jó, é essencial que interpretemos corretamente o que está acontecendo no livro. Se aplicarmos os princípios hermenêuticos corretos, o livro será visto com clareza. Ao longo de anos de meditação focada nesse livro e da aplicação de tais princípios, descobri as chaves que abriram minha compreensão do livro. Essas determinações hermenêuticas não foram escolhidas arbitrariamente nem foram colhidas de outros autores, mas foram descobertas uma de cada vez – por meio de intensa identificação com a dor de Jó e por meio de uma busca calorosa do coração de Deus. É esta interpretação de Jó que trouxe grande esperança e expectativa ao meu próprio coração em meio a uma grande calamidade pessoal, e confio que ela ministrará a vida de Deus a muitos outros que precisam de uma matriz ou cenário para interpretar os propósitos de Deus em seu próprio cadinho. Chamo isso de minha "lente hermenêutica". É a lente pela qual vejo o livro, com base em certos vieses que passei a adotar após um estudo cuidadoso.

Se a lente pela qual você vê o livro de Jó estiver distorcida, sua interpretação do livro será tendenciosa. Se a sua lente for precisa, ela trará o livro com uma clareza cristalina. Apresento minha interpretação hermenêutica para que você julgue por si mesmo se minhas lentes são precisas.

Minhas Lentes Hermenêuticas

Eu vejo tudo no livro de Jó através das seguintes determinações hermenêuticas que serão discutidas em detalhes ao longo deste livro – esta é minha "lente hermenêutica":

1. Jó é um homem piedoso e íntegro. Ponto final.
2. Sua inexplicável calamidade é o resultado do gozo de Deus em sua vida.
3. O livro é uma cartilha sobre guerra espiritual, mapeando o território perplexo entre os propósitos soberanos de Deus, os assédios de Satanás e as opiniões das pessoas.
4. O propósito da calamidade é glorificar a Deus mudando Jó e levando-o a uma herança espiritual superior.
5. Os sofrimentos de Jó se assemelham à cruz de Cristo de muitas maneiras.
6. A jornada de Jó estabelece um padrão para as condutas de Deus em nossas vidas.
7. O livro é uma profecia que prediz a natureza das condutas de Deus na preparação da igreja para a colheita do tempo do fim.

A Lei da Primeira Menção

Um dos mais importantes de todos os princípios hermenêuticos é o que é comumente denominado "a lei da primeira menção". Este princípio afirma que quando algo é mencionado pela primeira vez nas Escrituras, ele carrega seu próprio significado único. Quando uma palavra ou conceito é mencionado pela primeira vez na Bíblia, essa palavra ou conceito (visto no contexto dos versículos circundantes) fornece uma plataforma para a compreensão de todas as outras ocorrências dessa palavra ou conceito no restante das Escrituras. Quando algo ocorre pela primeira vez nas Escrituras, o estudante sábio prestará atenção especial.

"A lei da primeira menção" tem relevância particular para o livro de Jó porque ele é indiscutivelmente o primeiro livro da Bíblia realmente escrito em papel. Embora não haja como provar sem sombra de dúvida qual livro da Bíblia foi realmente escrito primeiro, muitos estudiosos conservadores concordam que as evidências apontam para Jó. Até mesmo muitos dos rabinos hebreus reconheceram Jó como o primeiro livro de suas Escrituras do Antigo Testamento a ser escrito, presumindo que Moisés aprendeu a história de Jó com os descendentes de Jó em Midiã, e escreveu a história no papel durante seus quarenta anos no deserto midianita.

Há uma controvérsia considerável sobre quem poderia ter sido o autor do livro – se o próprio Jó, ou Moisés, ou outra pessoa. Mas, independentemente de quem foi o autor do livro, existem razões sólidas para acreditar que ele seja o primeiro livro do cânon bíblico a ser registrado[2].

---

2   Algumas fontes que concordam que Jó foi o primeiro livro bíblico escrito:

Matthew Henry está inclinado a atribuir a autoria do livro a Eliú, embora ele também admita que Jó e Moisés são possibilidades (Comentários de Matthew Henry sobre a Bíblia Inteira, Volume III, p.1).

Matthew Poole determina que é "mais provável" que o autor seja o próprio Jó, ou Eliú, ou Moisés (Comentários de Matthew Poole sobre a Bíblia Sagrada, Volume I, p. 921).

Kevin Conner e Ken Malmin, em seu livreto "Estudo do Velho Testamento", concordam que o livro provavelmente foi escrito pelo próprio Jó.

Albert Barnes dedica quatorze páginas de discussão à questão de quem foi o autor do livro de Jó (Notas de Albert Barnes, Jó, pp. 14-27). Após discutir os argumentos a favor e contra todas as várias opiniões que os estudiosos defendem, ele conclui: "As considerações sugeridas são tais que me parecem não deixar nenhuma dúvida racional de que a obra foi composta antes da partida do Egito" (p. 24). Barnes acredita que todas as objeções são mais bem respondidas ao atribuir a autoria ao próprio Jó (com ligeiras modificações de alguém posteriormente, como a menção da morte de Jó). Ele apresenta as seguintes razões: (1) Jó teve muito tempo para registrar suas provações durante os 140 anos que viveu após sua calamidade; (2) Visto que Jó entendia a arte de escrever livros, 19.23-24, "e tendo tempo livre abundante, dificilmente se poderia conceber que ele teria falhado em fazer um registro do que havia ocorrido durante suas próprias provações extraordinárias". Acrescentarei a isso minha própria observação pessoal de que a maioria dos santos que passam por grandes calamidades tende a escrever ou registrar suas experiências; (3) É altamente improvável supor que, depois que Jó experimentou algo que forneceria lições tão importantes à humanidade, ele confiaria a lembrança de tudo à incerteza da tradição falada; (4) "Jó mostrou em seus próprios discursos que era abundantemente capaz de compor o livro" (p. 26). Assim, após uma discussão substancial do caso, Albert Barnes conclui: "Parece-me, portanto, que por esta série de observações, somos conduzidos a uma conclusão, alcançada com tanta certeza quanto se pode esperar na natureza do caso, de que a obra foi composta pelo próprio Jó no período de descanso e prosperidade que sucedeu suas provações, e que ela veio ao conhecimento de

Diz-se que muitos dos grandes santos dos primeiros tempos se devotaram ao estudo de dois livros bíblicos em particular: Jó e Apocalipse. Isso não é surpreendente, pois esses são os suportes de livros da Bíblia, refletindo entre si os caminhos de Deus. Usamos a expressão "de Gênesis a Apocalipse", mas podemos dizer com a mesma tranquilidade "de Jó a Apocalipse". Visto que o livro de Gênesis aparece primeiro em ordem cronológica no cânon, muitos de nós presumimos que foi o primeiro livro bíblico escrito. Se você presumiu (como sempre fiz) que Gênesis foi o primeiro livro da Bíblia escrito, espero que possa abrir seu pensamento para a possibilidade de que Jó foi escrito antes de Moisés escrever Gênesis.

Usarei o restante deste capítulo para validar minha afirmação de que Jó é o primeiro livro bíblico escrito, porque tiro algumas conclusões muito importantes com base nessa premissa. Acredito que seja de importância crítica para os propósitos de Deus que Jó tenha sido o primeiro livro da Bíblia a ser escrito no papel, portanto, apresentarei os fatores que sugerem uma data prévia para o livro.

Validando Uma Data Prévia Para Jó

Aqui estão cinco razões pelas quais defendo uma data prévia para Jó:

1. A função de Jó como sacerdote de sua família o coloca no período patriarcal.

O livro começa com Jó sacrificando ofertas queimadas em favor de seus filhos. Os patriarcas Abraão, Isaque e Jacó erigiram altares de sacrifício a Deus. Mas essa prática mudou dramaticamente no Monte Sinai, quando Deus deu a lei e investiu Aarão como sumo sacerdote sobre o povo de Deus. Desse ponto em diante, Deus aceitava ofertas queimadas apenas por meio do sacerdócio levítico. Portanto, está claro que Jó viveu

---

Moisés durante sua residência na Arábia e foi adotada por ele para representar aos hebreus, em suas provações, o dever de submissão à vontade de Deus, bem como para fornecer a certeza de que Ele ainda apareceria para coroar com abundantes bênçãos Seu próprio povo, por mais que estivessem aflitos" (p. 27).

Portanto, quer a autoria seja atribuída a Moisés, Eliú ou Jó, todos esses estudiosos concordam que o livro de Jó foi escrito antes de Moisés escrever o livro de Gênesis.

antes da época de Moisés e Aarão – na era dos patriarcas (a era em que o pai servia como sacerdote da família).

2. Não há menção em Jó dos tratos de Deus para com o povo de Israel.

Jó é claramente um gentio, porém, mesmo que ele tenha vivido durante os primeiros tempos do povo de Israel, seria de se esperar que houvesse algum tipo de referência aos tratos de Deus para com Seu povo da aliança. Nada no livro aponta para o Deus que abriu o Mar Vermelho; tudo no livro aponta para o Deus que criou os céus e a Terra. O fato de que Jó parece ignorar Abraão, Isaque e Jacó sugere que ele mesmo os antecedeu.

Se o livro de Jó fosse escrito depois da época de Moisés, esperaríamos alguma indicação no livro de que o autor estava ciente das dez pragas no Egito, da travessia do Mar Vermelho e de todo o poder glorioso de Deus demonstrado na libertação de Seu povo do Egito. O fato de o autor parecer alheio a essas marcas d'água importantes do poder de Deus sugere que o livro foi escrito antes de Moisés – e, portanto, escrito antes de Gênesis (que Moisés escreveu).

3. Deus chama Jó de o homem mais eminentemente justo do globo (1.8), o que sugere que Abraão e Melquisedeque ainda não haviam sido reconhecidos.

Deus testificou a Satanás que Jó era absolutamente incomparável em estatura espiritual entre todos os habitantes da Terra. Considerando a estatura espiritual de Abraão, Isaque, Jacó e José, é difícil supor que Deus os compararia a Jó de uma forma tão diminuta a ponto de dizer: **"ninguém há na Terra semelhante a ele"** (1.8). Certamente ninguém discutiria que os patriarcas eram em muitos aspectos "semelhantes a" Jó em caráter e integridade. Portanto, para que Deus diga isso sobre Jó, Jó deve ter vivido antes dos patriarcas.

A Bíblia diz que Melquisedeque era ainda maior do que Abraão, pois Abraão deu o dízimo a Melquisedeque e Melquisedeque, por sua vez, abençoou a Abraão. Hebreus 7.7 afirma que o menor é abençoado pelo maior, tornando Melquisedeque maior do que Abraão. Portanto, o teor da declaração de Deus em Jó 1.8 sugere que Jó viveu antes de Melquisedeque e dos patriarcas.

Além disso, antes de Abraão, houve vários séculos em que nenhum santo notável foi mencionado. Gênesis 10-11 não elogia uma única pessoa nos séculos entre Noé e Abraão por sua piedade, mas aponta para a crescente maldade da humanidade durante aquele período. Se Jó viveu durante aqueles anos sombrios, a declaração de Deus em Jó 1.8 faz ainda mais sentido: **"ninguém há na Terra semelhante a ele"**.

4. Jó parece ter vivido mais do que Abraão, validando uma data pré-abraâmica.

Para justificar este quarto ponto, terei que ser um pouco intrincado com a aritmética, então, por favor, permaneça comigo.

Antes do dilúvio, os homens viviam por muito tempo, muitos deles viveram por mais de 900 anos. Após o dilúvio, as pessoas começaram a viver cada vez mais um tempo de vida encurtado. Não sabemos exatamente o que causou isso, mas Gênesis 11 documenta como o tempo de vida dos homens diminuiu progressivamente.

- Noé viveu 950 anos (Gênesis 9.29).
- Sem, seu filho, viveu apenas 600 anos (Gênesis 11.10-11).
- Arfaxade (filho de Sem) viveu 438 anos (Gênesis 11.12-13).
- Pelegue (bisneto de Arfaxade) viveu 239 anos (Gênesis 11.18-19).
- Abraão viveu 175 anos (Gênesis 25.7).
- Jacó viveu 147 anos (Gênesis 47.28).
- José viveu 110 anos (Gênesis 50.26).

Portanto, durante este período, a expectativa de vida de uma pessoa se tornou um forte indicador de quando essa pessoa viveu cronologicamente na linha do tempo da história antiga. Por exemplo, se Jó viveu 175 anos ou menos, podemos razoavelmente supor que ele viveu durante ou depois de Abraão. Se Jó viveu mais de 175 anos, podemos razoavelmente supor que ele viveu antes de Abraão.

Portanto, a questão é: quanto tempo viveu Jó? Se soubermos quanto tempo ele viveu, saberemos como datá-lo em relação a Abraão. Porém, a Bíblia não nos diz quanto tempo Jó viveu. Ela nos diz, entretanto, que ele viveu 140 anos após sua provação (Jó 42.16). Mas quantos anos ele tinha em sua provação? Se soubermos isso, a simples aritmética nos diria o tempo de vida dele. Existem alguns elementos que nos ajudam a "adivinhar" a idade de Jó durante o período de sua calamidade pessoal.

Em primeiro lugar, com base em Gênesis 11-12-24, é razoável supor que Jó começou a ter filhos aos 30 anos ou mais.

Em segundo lugar, no momento de sua calamidade, os filhos de Jó já estavam crescidos e morando em suas próprias casas, recebendo uns aos outros para festas. Visto que ele tinha dez filhos adultos, teríamos que colocar o filho mais velho de Jó com 40 anos ou mais. (Jó 19.17 sugere que Jó tinha netos, o que significaria que seus filhos teriam que estar em idade fértil).

Em terceiro lugar, os três amigos de Jó – que obviamente são seus contemporâneos em idade – são descritos por Eliú como sendo **"idosos"** (32.6). Então Jó já estava "idoso" na época de sua calamidade, um termo que seria de esperar que fosse aplicado a alguém que teria, pelo menos, 100 anos ou mais.

Contudo, mesmo que sejamos conservadores e digamos que Jó tinha apenas 70 anos em sua calamidade, 70 mais 140 ainda somariam 210 anos de tempo de vida total. E, novamente, acho que esse número é conservador. A Septuaginta diz: "E todos os anos que Jó viveu foram duzentos e quarenta"[3].

Portanto, se Jó viveu 210 anos ou mais, vamos colocá-lo na linha do tempo de Gênesis 11. É evidente que ele deve ter vivido antes de Abraão.

Agora, vamos à minha quinta e última razão para dar a Jó uma data prévia:

---

3   Comentários de Clarke, Volume III, p. 194

5. Como gentios, Jó e seus amigos caminharam em um nível de revelação que geralmente não estava disponível para os gentios após a aliança de Deus com Abraão, Isaque e Jacó.

Antes de Abraão, Deus graciosamente Se revelava, em um certo nível, universalmente aos homens de todas as nações. Noé era um gentio como todo mundo na Terra quando Deus veio a ele; Enoque era um gentio que andava com Deus; Melquisedeque era um gentio que servia como sumo sacerdote diante de Deus. Até mesmo Abraão era um gentio.

Derivamos a palavra "judeu" de "Judá", filho de Jacó. Portanto, em termos gerais, um judeu é um descendente de Jacó. Porém, uma vez que Deus veio a Abraão, Isaque e Jacó, tudo mudou. Deus estreitou Sua autorrevelação de um feixe amplo para um feixe focalizado, e duas coisas aconteceram: os israelitas entraram em uma luz incrivelmente maior e os gentios caíram em trevas muito maiores.

Mas Jó não viveu sob essa escuridão. Deus visitou Jó em um dia em que os gentios ainda eram elegíveis para a revelação de Deus. Isso confirmaria ainda mais que Jó viveu antes de Abraão, antes da época em que Deus restringiu Sua revelação aos descendentes da aliança de Abraão.

A evidência é convincente: Jó viveu antes de Abraão. Visto que o êxodo do Egito nem mesmo é sugerido, parece que o livro foi escrito antes do êxodo, tornando-o o primeiro livro da Bíblia escrito no papel.

Venha comigo para o próximo capítulo, conforme começamos a considerar o significado dessa premissa.

4

Jó, O Pioneiro

Como o primeiro livro da Bíblia escrito, Jó se tornou um livro que estabelece precedentes. Quando o Espírito Santo Se preparou para inspirar a Sagrada Escritura, Ele calculou muito propositadamente como orientaria sua estruturação. Não é um acidente ou mero acaso que o Espírito Santo tenha começado tudo com Jó.

Pedra Angular da Escritura

Jó é um livro incrivelmente estratégico. Como o primeiro bloco de construção de todas as Escrituras, ele serve como a pedra angular inicial de todas as revelações inspiradas. Se a pedra angular estiver assentada corretamente, o resto do edifício pode se elevar em perfeito alinhamento e simetria. Se a pedra angular estiver torta, todo o edifício será plantado em uma base inclinada e acabará desmoronando.

Sob a "lei da primeira menção" (discutida no Capítulo Três), todo o livro de Jó assume um significado especial como o primeiro livro da Bíblia escrito. Assim, Jó é um livro inovador, alicerçado, pioneiro e apostólico que se torna a pedra angular de toda teologia. É a base inicial para nossa compreensão de Deus e Seus caminhos.

Se o seu alicerce estiver torto, todo o edifício será frágil. Quando o Senhor me visitou pessoalmente com a calamidade, senti como se Ele tivesse tomado o alicerce de todas as minhas compreensões teológicas, as tivesse varrido debaixo de meus pés, tivesse ternamente me observado cair, e então Ele lentamente começou a remover os escombros e iniciou o processo de reconstrução. E Ele disse: "Vamos reconstruir tudo isso no livro de Jó".

Uma Cartilha Sobre Guerra Espiritual

Como o primeiro livro da Bíblia escrito, o livro de Jó constitui uma cartilha sobre a guerra espiritual, mapeando o território intrigante entre os propósitos soberanos de Deus, os assédios de Satanás e as opiniões das pessoas.

Jó tinha a mão de Deus sobre ele, a mão de Satanás sobre ele e a mão do homem sobre ele – e ele não conseguia distinguir entre elas. Ele ficou atordoado ao tentar resolver toda a confusão emaranhada, porque realmente não conseguia identificar claramente de qual direção as coisas o estavam atingindo.

O cadinho de Jó é um lugar de grande perplexidade. Quando você está no fogo, não sabe de onde vem o calor ou por quê. Sua cabeça começa a girar quando você é pego no redemoinho de tentar discernir causa e efeito.

Jó é apostólico no sentido de que foi pioneiro em toda a arena da guerra espiritual. Ele foi o primeiro a documentar nas Escrituras suas feridas no perturbador campo de batalha da guerra espiritual. Jó está na batalha de sua vida, guerreando com os propósitos soberanos de Deus, as incitações malignas de Satanás, as reprovações carnais das pessoas e as realidades imperfeitas de um mundo decaído – todos os elementos envolvidos na guerra espiritual. Assim, embora Jó raramente seja mencionado em conferências de guerra espiritual, o livro de Jó é uma cartilha sobre guerra espiritual.

Jó está navegando em águas desconhecidas. Ele está indo aonde nenhum homem jamais foi. Ele está desenhando o primeiro mapa que temos do campo de batalha da guerra espiritual. Os cartógrafos sempre pagam um grande preço pessoal por terem a distinta honra de serem os primeiros a cruzar um território inexplorado. Os primeiros exploradores traçaram mapas da América literalmente ao preço de vidas humanas (doença, naufrágio, fome, privação, sofrimento, etc.). À medida que as Escrituras se desdobram, o mapa da guerra espiritual ganhará maior clareza, mas Jó deve ser homenageado pelo preço que pagou ao nos dar o primeiro mapa primitivo dos perigos da guerra espiritual. Os precursores sempre pagam um preço.

Jó está pisando em minas terrestres, e elas estão explodindo em seu rosto porque ninguém mais havia pisado lá antes! Para explicar, vou usar o exemplo do que ele diz em 19.11, **"Inflamou contra mim a Sua ira e me reputou para Consigo como um de Seus inimigos"**. Jó pensou que Deus o estava tratando como um inimigo, mas, na verdade, Deus estava considerando Jó como um de Seus amigos! "Fiéis são as feridas feitas pelo que ama" (Provérbios 27.6). Jó não percebeu que Deus o havia ferido em Sua bondade, então Jó acusa Deus de tratá-lo como um inimigo. Esta é uma das razões pelas quais Deus disse mais tarde a Jó: **"Quem é este que escurece o conselho com palavras sem conhecimento?"** (38.2). Jó aprenderá esta lição (e muitas outras) quando a batalha terminar, mas ele terá acionado muitas minas terrestres no processo.

Então aqui está Jó, todo ensanguentado por causa da última bomba que explodiu em seu rosto, e ele sussurra roucamente para nós: "Não pise aí, essa coisa vai explodir sua perna". E então os leitores contemporâneos recuarão na segurança de seu poleiro confortável e o criticarão. "Jó não deveria ter falado assim", dizem eles. "Ele teve muitas atitudes ruins!" Em certo sentido, isso é verdade, mas eu só quero dizer o seguinte sobre Jó: dê um tempo para o cara! Ele não tinha Escrituras, nem mapa, nem palavra profética, nem testemunho de outra pessoa que já havia trilhado este caminho antes. Ele foi o primeiro! Portanto, em vez de criticá-lo, acho que devemos ser extremamente gratos por um homem piedoso que foi fiel a Deus através do maior labirinto de perplexidade que qualquer homem já havia enfrentado até aquele ponto da história humana.

O Livro Mais Incompreendido

O livro de Jó é um dos livros mais incompreendidos da Bíblia. Até que você tenha vivido um pouco disso, é virtualmente impossível entendê-lo corretamente. Sei que este livro é diferente de muitos outros comentários sobre Jó. Eu lia comentários sobre Jó, olhava suas análises e dizia para mim mesmo: "Este autor nunca viveu isso". Não foi até que comecei a viver algumas coisas difíceis que o livro de Jó começou a se revelar para mim.

Eu sei que algumas pessoas gostariam que Jó não estivesse na Bíblia. Porque eu já fui uma delas. Tive a experiência, em meus primeiros anos de ministério, de preparar um sermão e ficar muito impressionado com ele. "Essa coisa divide, corta, arrebenta, frita". Eu pude ver: este sermão terá as hordas de Satanás se encolhendo nos portões do inferno, e terá os santos de pé, aplaudindo. O sermão foi perfeito, uma flecha bem desenhada, exceto por uma pequena "mosca na sopa": o livro de Jó. Todo o restante na Bíblia parecia apoiar meu sermão lindamente elaborado, mas o livro de Jó era o único livro que parecia contradizê-lo. E quanto a Jó? Posso apenas pregar meu sermão e esquecer o fato de que o livro de Jó existe?

Não, não posso mais. Agora eu vejo. Se não se alinha com o livro de Jó, isso tem que sair, porque o livro de Jó estabelece a estrutura teológica contra a qual todas as outras compreensões teológicas devem ser medidas. Se você compreender errado Jó, nada mais pode estar totalmente certo.

À medida que as tempestades do tempo do fim atingem este planeta, tudo o que pode ser abalado será abalado (Hebreus 12.27-28). *A única estrutura teológica que não será totalmente abalada na última hora será aquela que está firmemente fixada em um verdadeiro conhecimento do Deus de Jó.*

Portanto, agora a questão se torna de suma importância: do que se trata o livro de Jó?

O Tema do Livro

Quero expressar em uma frase ampla e geral o que acredito estar acontecendo no livro. Descobrir esse conhecimento foi uma jornada pessoal muito longa e dolorosa, e carrega grandes implicações que articularei no restante deste livro. Então aqui está: *Em linhas gerais, a vida de Jó é um padrão para todos os crentes de como Deus pega um homem íntegro e piedoso, com uma vida de pureza pessoal e de entrega pessoal em seu espírito, e o conduz através do fogo para uma herança superior.*

Jó saiu do cadinho com uma mensagem de vida que falou ao povo de Deus desde então. Aqui estão algumas das verdades pungentes que a vida de Jó declara:

- Às vezes, Deus é totalmente intrigante.
- Existem coisas acontecendo na dimensão espiritual que você não vê.
- Se você tem andado inocente e fielmente diante de Deus, e algo incrivelmente incompreensível e até traumático, que parece não ter uma causa razoável, acontece com você, então aumente sua vigilância espiritual – Deus pode estar no processo de trazê-lo para uma promoção espiritual.
- Se você deseja preservar sua pureza, aumentar sua busca por Deus e se comprometer a obedecer inquestionavelmente, Ele eventualmente revelará Seus propósitos a você.
- Perceba que Deus ama glorificar a Si mesmo ao preservar as calamidades de Seus santos, pois assim Ele produz o superlativo de algo que seria impossível.

Um Padrão Para Obter Sua Paciência

A mensagem de vida de Jó serve como um modelo ou padrão com o qual outros podem medir as disciplinas de Deus em suas vidas. Quando você tem uma matriz para medir o que está acontecendo em sua vida, você é capaz de cooperar com os propósitos de Deus. Mas sem essa matriz ou padrão, é muito provável que você se associe ao acusador, adote uma postura arrogante para com Deus e acabe abortando o processo. Sem qualquer protótipo para entender os tratos de Deus, é muito difícil dizer: "Fizeste bem ao Teu servo, Senhor, segundo a Tua palavra" (Salmo 119.65). Em vez disso, é fácil ecoar a acusação dos Israelitas: "Inútil é servir a Deus" (Malaquias 3.14). Deus quer que nos afastemos dessa armadilha, então Ele nos deu o padrão de Jó.

Jó, então, foi um pioneiro, um desbravador, um precursor que Deus batizou na "Escola do Espírito", a fim de que ele pudesse servir como uma parábola viva para todas as gerações depois dele. Sua vida serve como uma bússola, permitindo que nos orientemos quando estamos sob as disciplinas de Deus.

Às vezes pensamos que sabemos quem é Deus. Deus diz: "Nenhum de vocês sabe quem Eu sou! A menos que Eu mostre a vocês". Assim, Deus destruiu todo entendimento que Jó pensava ter sobre Ele e começou a reconstruir a teologia de Jó sobre a verdade de Isaías 55.9, "Porque, assim como os céus são mais altos do que a terra, assim são Meus caminhos mais altos do que os vossos caminhos". Da mesma forma, Paulo clamou: "Ó profundidade das riquezas, tanto da sabedoria como da ciência de Deus! Quão insondáveis são seus juízos, e quão inescrutáveis, seus caminhos!" (Romanos 11.33).

Deus opera em uma dimensão que ultrapassa totalmente nossa análise humana. *E aqui está uma assinatura dos caminhos de Deus: Ele ama resolver confusões impossíveis.* Ama os imbróglios enredados que não têm solução humana, que são catástrofes irremediáveis quando estão à parte da intervenção divina.

Às vezes, Deus permite que o santo seja reduzido a uma aparente derrota, cheio de angústia e reprovação, com Satanás saboreando alegremente sua preponderância. Ou, às vezes, o santo é apanhado por circunstâncias esmagadoras além de seu controle. Quando parecia que Deus o havia abandonado, Jó clamaria: "Não desista! Confie em Deus! Nunca é tarde demais! Este é o tipo de situação que Deus *ama!*"

Em algumas situações, Deus dá um passo para trás e diz: "Muito fácil. Se Eu intervir agora, eles não glorificarão Meu nome pela solução". Assim, Ele espera um pouco e permite que a situação se torne ainda mais crítica para que não haja dúvidas sobre a proveniência quando Ele intervém com Sua libertação soberana. Ele ama fazer o impossível!

Jó Ajudou Abraão

Anteriormente, enfatizei o fato de que Jó antecedeu a Abraão. Aqui está o porquê: é muito provável que Jó tenha servido como um precursor para Abraão, ajudando Abraão a interpretar a mão de Deus em sua vida.

Deus disse a Abraão: "Toma agora teu filho, teu único filho, Isaque, a quem amas, vai-te à terra de Moriá e oferece-o ali em holocausto sobre uma das montanhas, que Eu te direi" (Gênesis 22.2). Basicamente, Deus disse: "Mate seu filho".

Mas Abraão também sabia o que Deus havia dito a Noé: "Quem derramar o sangue do homem, pelo homem seu sangue será derramado" (Gênesis 9.6). Então, Abraão enfrentou uma encruzilhada: "Sigo minha teologia ou sigo a voz?" Naquele momento de decisão crítica, é muito possível que Abraão tenha pensado: "Jó! Estou em uma situação parecida com a de Jó! Deus está vaporizando minha teologia. Se eu for fiel como Jó, Deus me levará a um lugar superior". Parte da razão pela qual Abraão foi capaz de cooperar com os propósitos de Deus foi porque ele tinha Jó.

A Maior Encruzilhada da Redenção

Na verdade, quero sugerir que Jó se tornou um precursor para os mais eminentes santos, ajudando-os a navegar nos maiores pontos de crise da história da redenção. Na encruzilhada crucial do plano redentor de Deus, quando *tudo* estava em jogo, a vida de Jó serviu como um padrão que os capacitou a fazer a escolha certa.

José não percebeu que estava em um momento decisivo e crítico dos propósitos de Deus. Tudo estava incerto. José reagiria apropriadamente à sua escravidão e prisão? Se ele arruinasse isso, não haveria nenhuma provisão soberana para a família de Jacó durante os sete anos de terrível fome. Felizmente, José tinha Jó! Jó forneceu a José uma matriz para entender a dor de sua prisão, capacitando-o a perseverar com sucesso para a realização dos propósitos de Deus.

Moisés também se encontrava em uma encruzilhada crítica do plano de redenção de Deus. Moisés reagiria apropriadamente aos sonhos arruinados, às promessas não cumpridas, ao aparente abandono de Deus? Se ele passasse no teste, Deus teria um homem para guiar Seu povo para fora do Egito. Felizmente, Moisés tinha Jó! A jornada de Jó se tornou um modelo que permitiu a Moisés caminhar em direção à melhor e mais elevada bênção de Deus.

Davi era outro homem em uma encruzilhada crítica. Ele foi ungido como rei, mas estava fugindo de Saul para salvar sua vida. Cada promessa de Deus parecia ter sido violada. Se Davi reagisse apropriadamente neste cadinho, ele emergiria com a promessa de um trono eterno. Se ele desistisse, como poderíamos chamar Jesus de Filho de Davi? Felizmente, Davi tinha Jó! O exemplo de Jó deu a Davi a coragem de perseverar até a melhor e mais elevada bênção de Deus.

Estamos agora enfrentando outro momento crítico no plano de Deus: o retorno de Cristo. Em preparação para a vinda de Cristo, Deus está levando muitos de Seus servos ao cadinho de Jó. Um fogo foi aceso na Terra para despertar a noiva com paixão por seu Noivo. Ela perseverará até o fim ou abortará os propósitos de Deus? Felizmente, ela tem Jó!

Todos tinham Jó como exemplo, exceto um homem: Jó! É por isso que Jó é tão admirável. Ele perseverou através do cadinho sem nenhum predecessor, sem precursor, sem padrão com o qual obter conforto. Jó não tinha ninguém. Ele estava mapeando um território inexplorado, indo aonde nenhum homem havia ido antes. Ele estava fazendo uma incursão sem precedentes no turbulento campo de batalha da guerra espiritual, onde os propósitos de Deus e os incitamentos de Satanás e as opiniões das pessoas se combinam para temperar a alma.

Como resultado da fidelidade de Jó, Deus decidiu usar seu exemplo para confortar cada geração, fornecendo-lhes uma bússola para ajudá-los a interpretar seu caminho. Desfrutamos do mesmo benefício hoje. Em vez de abortar Seus propósitos em nossas vidas, agora somos capazes de cooperar com Sua graça e entrar em nossa herança mais elevada.

5

Jó, O Adorador

"Enquanto este ainda falava, veio outro e disse: Estando teus filhos e tuas filhas comendo e bebendo vinho na casa de seu irmão primogênito, um forte vento veio dalém do deserto e deu nos quatro cantos da casa, e esta caiu sobre eles, e morreram; só eu escapei para te trazer a notícia. Então Jó se levantou, rasgou o manto, rapou a cabeça, se lançou em terra, adorou e disse: Nu saí do ventre de minha mãe e nu voltarei para lá. O Senhor o deu e o Senhor o tomou; bendito seja o nome do Senhor" (1.18-21).

Esta é a primeira menção bíblica de adoração e, como tal, é altamente significativa e fundamental para a nossa compreensão da verdadeira essência da adoração. Jesus disse, "porque é este tipo de adoradores que o Pai procura" (João 4.23). Em outras palavras, o Pai não está buscando adoração, Ele está buscando adoradores. O que significa ser um adorador?

O Teste da Adoração Verdadeira

Você não descobre se é um adorador na manhã de domingo. Qualquer um pode adorar na igreja no domingo de manhã. Os santos se reúnem em uma santa assembleia, os músicos seguram os instrumentos do Senhor, o líder de louvor está ungido e pronto com uma lista de canções e os cantores estão espiritualmente preparados e animados. Se você não consegue adorar na igreja no domingo de manhã, você é uma pedra!

Deixe-me dizer quando você descobre se é um adorador: quando o fundo do seu mundo desmorona, e tudo que você já conheceu começa a desabar ao seu redor, e você não entende por que tudo dói tanto. O que você fará agora? Você se prostrará diante do seu Criador e adorará? Ou ouvirá as vozes em seu ouvido que acusam a Deus e, então, ficará com raiva Dele? Você adorará ou amaldiçoará?

Jó é o verdadeiro modelo de adoração grandiosa. Quando tudo foi tirado dele, incluindo seus dez filhos, ele se prostrou diante do Senhor e O adorou.

E observe o que ele disse: "**O Senhor o deu e o Senhor o tomou; bendito seja o nome do Senhor**". Jó abençoou o nome de Deus. O nome de Deus representa Seu caráter, Sua pessoa, quem Ele realmente é em todos os Seus atributos gloriosos. Certa vez, passei por uma época sombria em que não conseguia louvar Suas obras, nem podia agradecer por Seus meios, porque quando olhei para Suas obras em minha vida, elas eram totalmente dolorosas e extremamente angustiantes. Seus meios pareciam destrutivos para mim (embora mais tarde eu tenha percebido que eles eram reconstrutivos). Naquele momento de escuridão, eu não tinha nenhum louvor em meu coração por Sua mão em minha vida. Mas com a força da dor, fui capaz de dizer como Jó: "**Bendito seja o nome do Senhor**". Agora, não importa o quão difícil sua vida fique, você sempre pode dizer: "Bendito seja o nome do Senhor".

Em outras palavras, o que você está dizendo ao Senhor é: "Eu sei que Tu és verdadeiro. Eu sei que Tu és reto. Eu sei que Tu és justo. Eu sei que Tu és bom. Mesmo que me pareça que Tu não estás sendo justo e bom agora, eu sei que Tu o és. Então, eu Te louvo por quem Tu és, eu bendigo o Teu nome".

A verdadeira adoração não é experimentada na manhã de domingo na igreja; ela é experimentada na manhã de segunda-feira, quando você sai para trabalhar com aqueles filisteus incircuncisos. *A adoração é testada no cadinho da vida cotidiana.*

Adoração e Oração

O Pai está nos fazendo adoradores como Jó, que responde às maiores mágoas da vida se prostrando diante de nosso Criador e adorando-O em espírito e em verdade. Jó mantém a postura de um adorador ao longo do livro. Como adorador, ele vive um estilo de vida de oração constante. Adoração é uma expressão de oração. Jó disse que a pessoa ímpia diz: **"E que nos aproveitará que Lhe façamos orações?"** (21.15). É a voz da iniquidade que tenta nos dizer que nossas orações de nada valem. Mesmo quando parecia que Deus não estava ouvindo, Jó nunca parou de orar.

Nunca desista de apelar a Deus! Deus responde àqueles que voltam seu rosto firmemente para Ele e clamam a Ele sem cessar. Jó continuou entregando Seu coração a Deus até que a resposta veio.

Esta é a salvação de Jó: ele continuou orando. Repetidamente, ele ergueu o olhar para Deus. Jó é a única pessoa no livro que ora. Os amigos de Jó falam muito sobre Deus, mas nada para Ele. Seus amigos falavam *sobre* Deus, mas Jó falava *com* Deus. Eu me pergunto o que teria acontecido se os amigos de Jó, em vez de falar com Jó sobre Deus, tivessem falado com Deus sobre Jó.

Deus Promove Adoradores

Jó tornou-se candidato à promoção porque adorou a Deus em cada etapa do processo. Primeiro, ele começou como um adorador. Ele possuía seu próprio vaso em santificação e honra (1 Tessalonicenses 4.4) e oferecia sacrifícios regularmente por sua família. Deus veio a Jó porque ele era um adorador, e permitiu o primeiro teste.

A resposta de Jó ao primeiro teste foi mais uma vez adoração – "Então Jó se levantou, rasgou o manto, rapou a cabeça, se lançou em terra, adorou". Foi a resposta de adoração de Jó neste momento crítico que desencadeou o maior teste de todos no capítulo seguinte (sua aflição física).

Adoradores, tomem cuidado. É perigoso ser um adorador. Quando você adota o padrão de entregar constantemente seu coração a Deus, prepare-se – Ele pode muito bem aceitá-lo. (Nós nos saímos muito bem em dar tudo de nós a Jesus – até que Ele o aceite!) Um adorador grandioso que está constantemente dando todo o seu ser a Deus está dançando com um fogo que é mais quente do que ele imagina. Adoradores grandiosos que estão constantemente clamando por mais Dele são aqueles que obterão a resposta às suas orações. Eles se qualificarão para a chama mais quente.

6

A Mulher de Jó

"Então Satanás saiu da presença do Senhor e feriu Jó de uma chaga maligna, desde a planta do pé até o alto da cabeça. Assentado no meio da cinza, Jó pegou um caco para se raspar. Então a sua mulher lhe disse: 'Ainda manténs tua sinceridade? Amaldiçoa a Deus e morre'. Porém, ele lhe respondeu: 'Falas como qualquer louca. Temos recebido o bem de Deus e não receberíamos também o mal?' Em tudo isto não pecou Jó com os lábios" (2.7-10).

Certamente, alguém pode sentir grande simpatia pela esposa de Jó, pois ela perdeu tanto quanto Jó, exceto sua saúde. Ela mergulhou em grande dor por apenas um motivo: ela era casada com Jó. Jó era o homem que Deus e Satanás buscavam, mas sua esposa também foi apanhada na armadilha. Quem sente a perda de filhos como uma mãe? Verdadeiramente, sua dor também foi além da medida.

"Amaldiçoa a Deus e morre!"

E, no entanto, a história deixa claro que ela não tinha o mesmo reservatório espiritual para recorrer como Jó tinha nesta época de crise. Ela não tinha cultivado a mesma profundidade espiritual de coração que seu marido tinha, e quando a tempestade caiu, seus alicerces ruíram.

"Ainda manténs tua sinceridade?", ela perguntou a Jó. Como o ser humano mais próximo de Jó, ela confirmava a piedade e integridade de Jó. Ninguém conhecia Jó melhor, então ela sabia que isso não tinha acontecido com Jó por causa do pecado em sua vida. Visto que Jó não havia incorrido no juízo de Deus por meio do pecado, sua conclusão foi que Deus era cruel e injusto. Portanto, ela deu ao marido um conselho tolo: **"Amaldiçoa a Deus e morre!"**

Jó não pecou com sua boca, mas ela sim – e ela começou a sentir vergonha e convicção sobre suas respostas injustas, que contrastavam fortemente com as de seu marido. Então ela o incitou a pecar. Ela estava com raiva porque Jó não falava incessantemente como ela fazia. A integridade dele a estava fazendo se sentir mal. Ela basicamente disse: "Deus não agiu bem com você, embora você tenha andado na retidão. Então desista de Deus; amaldiçoa-O e morre!"

A inferência óbvia é que ela mesma já havia amaldiçoado a Deus em seu coração. Ela havia amaldiçoado a Deus por sua tristeza e dor, e agora, como Eva, tentou seduzir seu marido a fazer o mesmo. Ela estava com raiva de Deus e queria que seu marido se juntasse a ela.

Esta foi uma encruzilhada crítica para a esposa de Jó. Se ela tivesse permanecido na fé diante de Deus, teria compartilhado não apenas do vale de Jó, mas também do topo de sua montanha. Mas porque ela amaldiçoou a Deus em seu coração, ela morreu. Não significa que ela morreu fisicamente, mas que morreu espiritualmente. Ela amaldiçoou a Deus e morreu por dentro, e então queria que seu marido fizesse o mesmo.

Para o que ela morreu? Para a frutificação espiritual. No momento em que ela amaldiçoou a Deus, acredito que a esposa de Jó se tornou espiritualmente estéril. Antes que a história termine, Jó é pai de dez filhos belíssimos. Mas não a esposa de Jó. Deixe-me explicar.

Uma segunda esposa?

Estou convencido de que a esposa de Jó não teve a segunda série de filhos de Jó. Aqui estão meus motivos:

- **"Amaldiçoa Deus e morre!"** As próprias palavras sugerem que seu útero morreu quando ela amaldiçoou a Deus.
- A poligamia era muito comum naquela época. Por exemplo, Abraão e Jacó tiveram mais de uma esposa. Na verdade, o número de esposas que se tinha naquela época refletia o status social. Dada a riqueza e proeminência de Jó, é totalmente razoável supor que Jó se casou com outra esposa depois de ser curado e restaurado.
- A esposa de Jó deu à luz e criou dez filhos que eram crescidos e tinham seus próprios filhos. Como seus filhos estavam todos em idade de festejar, é razoável supor que ela mesma tivesse passado dos anos férteis. É bem possível que ela pudesse ter cerca de 100 anos nesta época, junto com seu marido. Portanto, pensar que uma mulher da idade dela mudaria e geraria mais dez filhos tão tarde na vida é muito difícil de imaginar.
- A segunda série de filhos de Jó era totalmente diferente da primeira. Seus primeiros dez filhos eram espiritualmente passivos; seu segundo grupo de filhos era notável em integridade e caráter. Acredito que um fator significativo na diferença foram suas respectivas mães. A primeira esposa de Jó foi muito influente no destino espiritual dos primeiros filhos de Jó. Agora, estou sugerindo que a segunda esposa de Jó também foi vitalmente responsável por ajudar Jó a criar um segundo grupo de filhos que eram belos em caráter e integridade.

Por causa do descuido espiritual e da incredulidade, a primeira esposa de Jó perdeu sua herança espiritual. O livro não a condena, pois ela sofreu uma grande dor. Mas nada fala sobre ela depois do capítulo dois; ela não teve parte nas bênçãos de Jó. Ela perdeu o que poderia ter tido. Se ela tivesse permanecido fiel a Deus e mantido solidariedade espiritual com seu marido, poderia ter participado da promoção espiritual que Deus deu a Jó. Mas ela perdeu tudo. Tornou-se uma espectadora em vez de uma participante. O convite à grandeza veio a ela, mas ela não tinha profundidade espiritual para discernir e acreditar no que Deus estava fazendo na vida de seu marido, e acabou desistindo e amaldiçoando a Deus.

Esterilidade Espiritual

Os paralelos entre a esposa de Jó e a esposa de Davi, Mical, são notáveis. Mical também se tornou estéril por causa de sua incapacidade de ficar ao lado do marido, o rei Davi. Aqui está a passagem onde Mical se tornou estéril:

"Entrando a arca do Senhor na cidade de Davi, Mical, a filha de Saul, olhava pela janela; quando ela viu o rei Davi bailando e saltando diante do Senhor, o desprezou no seu coração (...) Voltando Davi para abençoar a sua casa, Mical, a filha de Saul, saiu ao seu encontro e disse-lhe: 'Quão honrado foi o rei de Israel, descobrindo-se hoje aos olhos das servas de seus servos, como sem pejo se descobre qualquer dos vadios'. Respondeu, porém, Davi a Mical: 'Perante o Senhor, que me escolheu no lugar de teu pai e de toda a casa dele, constituindo-me chefe sobre o povo do Senhor, sobre Israel, perante ele me tenho alegrado. Ainda mais do que isto me envilecerei e me humilharei aos meus olhos; contudo, serei honrado pelas servas de quem falaste'. Mical, a filha de Saul, não teve filhos, até o dia da sua morte" (2 Samuel 6.16, 20-23).

Como a esposa de Jó, o problema de Mical era a descrença. A esposa de Jó não acreditava que Deus estava operando uma coisa boa em Jó, e Mical também perdeu a fé em uma encruzilhada crítica de sua vida.

A encruzilhada de Mical veio no momento em que Davi a deixou e fugiu do pai de Mical, o rei Saul, para salvar sua vida. Davi foi banido para o deserto e Mical permaneceu em Jerusalém. Com o passar das semanas e dos meses, Mical perdeu a fé na unção da vida de Davi. Ela passou a acreditar que Davi nunca sobreviveria ao deserto e que seu pai, Saul, teria sucesso em caçar Davi e matá-lo. Ela perdeu a fé nas promessas de Deus a Davi. Quando Davi entrou no cadinho de Jó (seus sete anos no deserto fugindo para salvar sua vida), Mical sucumbiu espiritualmente.

Ela pensou consigo mesma: "Por que eu deveria permanecer viúva aqui em Jerusalém, esperando por um homem que vai morrer de qualquer maneira?" Então, na incredulidade, ela se casou com Paltiel (1 Samuel 25.44).

No desenrolar da história, quando Davi foi coroado rei do país, ele exigiu que sua esposa Mical fosse devolvida a ele (ver 2 Samuel 3.13-16). Esta foi a maneira de Davi repreender Mical por sua descrença: "Você pensou que Deus tinha acabado comigo, mas agora Deus me deu o trono de Israel, e você vai ter que voltar para minha residência e ver aquilo em que não acreditou".

Mas o relacionamento de Mical com Davi havia mudado para sempre. Ela tinha vivido com Paltiel por muitos anos, e Paltiel era diferente de Davi. Ela havia percebido os valores e prioridades de Paltiel. Ela costumava amar Davi, mas agora não conseguia mais. O período com Paltiel mudou para sempre a forma como Mical se relacionaria com Davi; ela não poderia retornar à simplicidade de relacionamento que tinha com Davi antes. Davi havia mudado profundamente no deserto e, como Mical se recusou a compartilhar o deserto com Davi, ela permaneceu inalterada. Quando ela se reencontrou com Davi, ele não era mais o mesmo homem com quem ela havia se casado cerca de oito anos antes. Ela nunca poderia se ajustar ao novo Davi. E então, quando ela o viu dançando diante do Senhor, ela não pôde aguentar mais. Ela teve que expressar o cinismo frio que seu coração incrédulo havia desenvolvido.

E, como a esposa de Jó, Mical tornou-se estéril por causa da descrença. Ela falhou em acreditar que Davi em sua integridade se qualificaria para as bênçãos de Deus, apesar de suas provações, e desistiu do processo casando-se com Paltiel. No final, ela se tornou uma espectadora estéril enquanto Deus colocava Davi em um trono eterno. Imagine morar na casa com o rei que tem essa aliança incrível com Deus, mas nunca entrar nela por causa da incredulidade! O que poderia ter sido dela passou a ser de Bate-Seba quando Salomão (filho de Bate-Seba, não de Mical) se tornou o herdeiro do trono. Ó, o preço da incredulidade!

A esposa de Jó e Mical ilustram esta verdade: *se Deus está fazendo alguém próximo a você enfrentar o cadinho de Jó, permaneça na fé e na perseverança com essa pessoa.* Se você sucumbir à incredulidade, perderá sua parte na herança. Mas se você permanecer na fé, verá Deus cumprir Suas promessas a essa pessoa e chegará às montanhas da promoção espiritual e da fecundidade do reino.

7

Os Três Amigos de Jó

"Três amigos de Jó ficaram sabendo de todo este mal que sobreviera a ele e vieram, cada um de seu lugar, visitá-lo: Elifaz, o temanita, Bildade, o suíta, e Zofar, o naamatita; pois haviam combinado condoer-se dele e o consolarem. Eles o viram de longe, mas não o reconheceram. Então levantaram a voz e choraram; e cada um, rasgando o manto, lançava pó ao ar sobre a cabeça. Eles ficaram sentados junto com ele no chão durante sete dias e sete noites; nenhum deles lhe dizia palavra alguma, porque viam que a sua dor era muito grande" (2.11-13).

Vimos a resposta da esposa de Jó – agora vamos ver como os amigos de Jó responderam a ele.

Esses três homens eram amigos genuínos de Jó. Eles haviam compartilhado muitas experiências de vida, então, quando viram sua dor, eles a compartilharam pessoalmente. Se eles tivessem apenas lamentado silenciosamente com Jó, teriam se saído bem. Mas eles se sentiram compelidos a abrir a boca, e foi aí que começaram a cometer seus erros.

No final de toda a provação, Deus falou com Elifaz e disse: **"Minha ira se acendeu contra ti e teus dois amigos, porque não dissestes de**

Mim o que era reto, como o Meu servo Jó" (42.7). No entanto, todos os seus conselhos a Jó foram muito bíblicos. Você pode observar isso olhando para a multidão de referências cruzadas das Escrituras na margem de sua Bíblia, se tiver uma Bíblia de referência com referências cruzadas. Praticamente todos os seus conselhos podem ser comprovados por outras Escrituras. Eles tinham bons conselhos – mas para a situação errada. Eles falaram a verdade, mas ela não se aplicava à situação em questão.

Precisamos de sabedoria divina para saber como aconselhar as pessoas nos caminhos de Deus. É tão fácil dizer a coisa certa nas circunstâncias erradas. Os três amigos de Jó estragaram tudo porque julgaram pelo que viram e não pelo que ouviram. Jesus disse: "Como ouço, assim julgo" (João 5.30). A única maneira de julgar o que está acontecendo na vida de outra pessoa é ouvir diretamente do Pai a respeito dessa pessoa. Se você tentar analisar a situação de alguém de acordo com suas experiências e conhecimentos anteriores, você sairá com "respostas prontas" e não ajudará essa pessoa de forma alguma. Na verdade, você pode até desorientá-los. Então, uma vez que você aprende sobre os desafios que alguém está enfrentando, pare. Antes de começar a dar conselhos a eles, ore primeiro. Espere no Senhor para ouvir o que Ele pode falar. Se Ele falar, você pode ter algo a dizer a essa pessoa; se Ele não falar, permaneça quieto.

Clamor Inicial de Jó

Jó é o primeiro a quebrar o silêncio no capítulo 3, amaldiçoando o dia de seu nascimento. O capítulo 3 é o primeiro clamor de um homem com uma dor incomensurável. Jó não amaldiçoa a Deus, mas ele tem que dar vazão à sua dor de alguma forma, e o faz amaldiçoando o dia em que nasceu. Isso equivale ao grande clamor de Cristo na cruz: "Jesus, clamando outra vez altissonante, rendeu o seu espírito" (Mateus 27.50).

Jó 3 tem dois homólogos nas Escrituras: Salmos 88 e Lamentações 3. O Salmo 88 é diferente de todos os outros salmos nesse aspecto: não tem nenhum som de louvor, ação de graças ou esperança nele. Ele começa com um clamor de dor, é preenchido com um clamor de dor, e termina com um clamor de dor. O Espírito Santo nos deu o Salmo 88 para confirmar que há um lugar válido nas operações de Deus, onde tudo o que se sente é dor, tudo o que se vê é escuridão e tudo o que se tem são lágrimas e perguntas. Deus nunca pretendeu que fiquemos naquele vale – devemos caminhar *pelo* vale da sombra da morte – mas há um lugar de trevas em Deus que o Salmo 88 valida. Quando você atinge o fundo do vale com um baque duro, é reconfortante saber que outros estiveram lá antes de você.

Uma pergunta importante é: Jó pecou amaldiçoando o dia de seu nascimento? A evidência indica que Deus não viu isso como pecaminoso, mas sim como o clamor do coração de um homem em grande agonia mental e física. Jeremias foi um homem que também conheceu muitas angústias dolorosas em sua vida e também amaldiçoou o dia de seu nascimento (ver Jeremias 20.14-18). E ainda, enquanto o Senhor repreende Jeremias por outras coisas, Ele não repreende Jeremias por isso. Diante de Deus, isso parece ser uma forma de articular a dor sem pecar.

O capítulo 3 é a parte mais sombria de todo o livro. Estas são as palavras de um homem que está sofrendo na iminência de suas feridas. Com o tempo, a intensidade da dor diminuirá um pouco, mas agora ele está absolutamente se contorcendo em agonia e na escuridão da perplexidade total. Observe:

- **"Pereça o dia em que nasci e a noite em que se disse: Foi concebido um homem! Converta-se aquele dia em trevas; e Deus, lá de cima, não tenha cuidado dele, nem resplandeça sobre ele a luz! Contaminem-no as trevas e a sombra da morte; habitem sobre ele nuvens; negros vapores do dia o espantem!"** (3.3-5).
- **"Por que não morri desde a madre e, em saindo do ventre, não expirei? Por que me receberam os joelhos? E por que os peitos, para que mamasse? Porque já agora jazeria e repousaria; dormiria, e então haveria repouso para mim"** (3.11-13).
- **"Por que se dá luz ao miserável, e vida aos amargosos de ânimo, que esperam a morte, e ela não vem, que cavam em procura dela mais do que em busca de tesouros ocultos; que de alegria saltam, e exultam, quando encontram a sepultura? Por que se dá luz ao homem, cujo caminho é oculto, e a quem Deus o encobriu? Porque antes do meu pão vem o meu suspiro; meus gemidos se derramam como águas. Porque o que eu temia me sobreveio, e o que**

receava me aconteceu. Nunca estive descansado, nem sosseguei, nem repousei, mas veio sobre mim a perturbação" (3.20-26).

Jó não está prestes a cometer suicídio. Ele teme muito a Deus para tirar sua vida pelas próprias mãos. Ele não vai se suicidar, mas deseja que Deus o mate. No momento ele está sofrendo tanto que só deseja que Deus o leve. Esta intensidade de dor não permanece com ele, mas agora é onde ele se encontra. Ele anseia pela morte (3.21), mas a morte foge dele.

Jó quebra o silêncio, e agora seus amigos não conseguem se conter. Eles também precisam falar o que pensam.

"E Quanto a Jó?"

Esta se torna a questão central no livro, "O que realmente está acontecendo com Jó?" Os três amigos de Jó dialogam demoradamente com ele sobre este assunto, apresentando suas opiniões sobre o que está acontecendo. Seus argumentos são eloquentes, filosóficos e poeticamente pujantes. *Mas na raiz de todos os seus sofismas está um princípio básico: eles estão convencidos de que a calamidade de Jó é a consequência direta do pecado em sua vida.*

O conselho deles é: "Arrependa-se, Deus irá lhe curar e então você poderá retomar a vida como ela deve ser".

Jó tem apenas um problema com esse conselho: *ele não consegue pensar em nada do que se arrepender!* Posso imaginá-lo dizendo: "Gente, gostaria que fosse assim tão simples. Eu gostaria de poder apenas me arrepender de um pecado e, BUM, ser curado. Mas não consigo pensar em nada que fiz de errado. Eu revistei cada parte da minha vida e não consigo encontrar nenhuma grande fortaleza de pecado na minha vida. Simplesmente não está lá". Então Jó responde às acusações deles dizendo: "Isso não aconteceu por causa do pecado em minha vida. Não sei por que essa calamidade atingiu minha vida, mas de uma coisa eu sei, não é por causa do pecado".

Seus amigos dizem: "Tem que ser pecado! Não é assim que Deus trata Seus amigos. É assim que Deus disciplina o desobediente. Examine seu coração novamente, Jó, porque há algo muito ímpio em você".

Jó diz a eles: **"Vós vistes o terror e temestes"** (6.21). Seus amigos haviam adotado uma teologia baseada no medo. O medo deles era: "Se Deus fez isso com você porque *gosta* de você, então talvez sejamos os próximos! Mas não queremos ser os próximos. Portanto, temos que apresentar uma teologia que diga que Deus não gosta de você, que Ele está com raiva de você por causa de sua iniquidade".

Mas, para todas as acusações, Jó insiste em sua integridade. Ele diz: **"Longe de mim que eu vos justifique; até que eu expire, nunca apartarei de mim minha sinceridade"** (27.5). Ele está dizendo: "Testifico que tenho andado retamente diante de Deus e que esta calamidade não é o resultado do pecado. Mesmo se eu morrer nesta ocasião, irei para o túmulo afirmando minha integridade e retidão". Agora, algumas pessoas veem como se Jó estivesse se justificando e sendo presunçoso. Essa é uma maneira cínica e imprecisa de ver Jó. Na explosão abrasadora de sua fornalha, ele está sendo profundamente honesto. Ele não está brincando. Ele está sendo honesto quanto ao que vê. Ele está sendo totalmente sincero com o fato de que não consegue encontrar nada de que precise se arrepender.

Se alguém é hipócrita no livro, são os três amigos de Jó. Eles se sentam na presunção de seu mundo confortável e se sentem justificados por não estarem sendo julgados como Jó. A orientação deles é: "Não somos nós que estamos nesse caos, Jó, porque não fizemos o que você fez". Isso é presunção.

Encobertos ao Entendimento

Uma das dinâmicas que acontecem no cadinho de Jó é esta: *Deus encobre o entendimento dos amigos de Jó para que eles sejam incapazes de exercer um discernimento preciso sobre o que Deus está fazendo na vida de Jó.* Jó apresentou este lamento a respeito de seus amigos: **"Porque encobriste o entendimento ao seu coração, pelo que não os exaltarás"** (17.4).

Jó está dizendo uma coisa; todo mundo está dizendo o contrário. Os amigos de Jó ganham combustível para discutir entre si. Como Jó pode estar certo e todos os outros errados? Isso é muito intimidador para Jó; todos os seus amigos estão do outro lado da corda, e ele está deste lado da corda sozinho. Era a voz unânime dos anciãos contra a voz de Jó.

Jó sempre apreciou e valorizou a opinião de seus amigos, mas agora se encontra na posição angustiante de não ser capaz de aceitar a perspectiva deles. E a chama fica mais quente pelo fato de que são todos muito sinceros.

Se Deus lhe coloca no cadinho de Jó, não se surpreenda quando todos os seus amigos falharem com você. Faz parte do pacote. Faz parte da situação, porque Deus está escavando você nas profundezas do seu ser. Na sinceridade deles, eles pensam que estão lhe servindo. Mas você se sente abandonado por eles. Os mesmos que você esperava que ficassem com você acabam entrando em colapso com a intensidade e a duração da coisa. Assim foi com Jó, assim foi com Jesus e assim será com muitos servos do tempo do fim.

Os amigos de Jó, como sua esposa, poderiam ter compartilhado uma grande vitória se tivessem permanecido fiéis a Jó e o apoiado lealmente em sua calamidade. Mas eles o abandonaram para seu próprio mal. Esse abandono era parte do cadinho de Jó, um ingrediente necessário propositalmente projetado por Deus. A questão para os amigos era a fé: eles acreditariam que Deus está com esse homem, operando nele, levando-o a um lugar mais elevado? É fácil duvidar que este seja o homem de Deus, ou é ainda mais fácil duvidar de que ele esteja reagindo adequadamente ao cadinho.

Jesus disse aos Seus discípulos: "Esta noite, todos vos escandalizareis por Minha causa, porque está escrito: Ferirei o pastor, e as ovelhas se dispersarão" (Marcos 14.27). Jesus não estava falando sobre as multidões, Ele estava Se referindo aos discípulos – Seus amigos – como aqueles que seriam dispersos e O deixariam. A questão para os discípulos era a fé: você crê neste momento de crise que Jesus é quem diz ser? Todos eles duvidaram e abandonaram Jesus.

Elifaz

Elifaz parece ser o amigo mais idoso na discussão e, portanto, é o mais prolixo dos três amigos. Ele não perde tempo em atacar Jó. Ele diz: **"Eis que ensinaste a muitos e fortaleceste as mãos fracas. Tuas palavras têm sustentado os que tropeçavam, e os joelhos desfalecentes fortificaste. Mas agora, chegando a tua vez, te enfadas; ao seres atingido, te perturbas"** (4.3-5).

Elifaz está censurando Jó por ser espiritualmente superficial – por falta de fortaleza espiritual. Jó aconselhou pessoas em tempos difíceis, mas agora que os tempos difíceis o atingiram, ele sucumbe. Desde o início, Elifaz não é misericordioso com a intensidade da provação de Jó. Elifaz simplesmente não entende o que está acontecendo com Jó. Ele manifesta a insensibilidade de alguém que nunca conheceu esse nível de quebrantamento. Jó, em contraste, vai superar isso com maior sensibilidade e piedosa compaixão pelos outros que estão dilacerados por uma dor inexprimível.

Elifaz coloca a situação em retrocesso automático e reproduz o que viu no passado: **"Como eu tenho visto, os que lavram iniquidade e semeiam o mal colhem isso mesmo"** (4.8). Ele está dizendo: "Você só está colhendo o que plantou, Jó. Você semeou a maldade e agora está colhendo as consequências". Em seguida, Elifaz muda para um modo místico:

"Uma palavra me disseram em segredo, e os meus ouvidos perceberam um sussurro dela. Entre pensamentos de visões noturnas, quando cai sobre os homens o sono profundo, sobreveio-me o espanto e o tremor, e todos os meus ossos estremeceram. Então um espírito passou diante de mim e fez arrepiar os cabelos da minha carne. Ele parou, porém não pude identificar a sua feição. Um vulto estava diante dos meus olhos. Calando-me, ouvi uma voz que dizia: Seria, porventura, o homem mais justo do que Deus? Seria, porventura, o homem mais puro do que o seu Criador? Eis que nos seus servos não confia e nos seus anjos encontra loucura; quanto mais naqueles que habitam em casas de lodo, cujo fundamento está no pó, e são machucados como a traça?" (4.12-19).

Elifaz afirma que teve uma visita angelical relacionada a Jó. Esta é a única "palavra profética" que vem a Jó, pois Elifaz afirma ter uma mensagem do céu para Jó. Agora, Jó não apenas está se contorcendo de dor, mas ele tem que discernir se essa "palavra profética" é correta. Jó conclui que Elifaz foi realmente seduzido por um demônio, mas o processo de discernimento disso é muito doloroso.

Esta é uma dinâmica que aumenta a intensidade do cadinho de Jó. Quando você se encontrar no fogo, outros virão até você com "mensagens de Deus". Alguns deles serão verdadeiros, alguns serão falsos, e o processo de discernimento retorcerá sua alma. *As palavras verdadeiras alimentarão o seu espírito, e as palavras falsas servirão para aumentar a chama e realmente despertar os propósitos de Deus em seu coração.*

Elifaz avança para outro golpe. **"Bem vi o louco lançar raízes, mas logo amaldiçoei a sua habitação. Seus filhos estão longe da salvação. São despedaçados às portas, e não há quem os livre"** (5.3-4). Elifaz está dizendo: "Você se fez de bobo, Jó, e como resultado seus filhos morreram esmagados". Estas são palavras cruéis. Com amigos assim, quem precisa de inimigos?

Então Elifaz mostra sua arrogância: **"Mas, quanto a mim, eu buscaria Deus e a Ele entregaria a minha causa"** (5.8). Ele está dizendo: "Se isso acontecesse comigo, deixe-me dizer o que eu faria". Que o Senhor nos livre da arrogância de pensar que saberíamos como lidar com a agonia que outros tiveram de suportar em seus infortúnios neste mundo decaído.

Agora chegamos a uma das reviravoltas fascinantes do livro. Elifaz faz uma declaração que é citada no Novo Testamento: **"Ele apanha os sábios na sua própria astúcia"** (5.13). Elifaz está aplicando erroneamente esta verdade, mas, mesmo assim, é uma verdade, e Paulo a cita em 1 Coríntios 3.19. É possível, ao falar a verdade, aplicá-la à situação totalmente errada. O próprio Satanás é um mestre nisso (ver Mateus 4.6-7).

Então Elifaz faz uma declaração extremamente precisa: **"Bem-aventurado é o homem a quem Deus castiga; não desprezes, pois, o castigo do Todo-poderoso. Porque ele faz a chaga e ele mesmo a trata; ele fere, e as suas mãos curam. De seis angústias te livrará, e na sétima o mal não te tocará"** (5.17-19). Elifaz está 100% certo – Jó está sendo repreendido por Deus. Mas aqui é onde ele está errado: ele acha que Jó está sendo castigado por causa da sua iniquidade. Ele não percebe esta verdade: Jó está sendo castigado por Deus por causa de sua eminente piedade.

Assim como Ele veio a José, Deus está vindo a Jó e dizendo: "Parabéns, Jó! Você manteve seu coração puro em uma geração má. Você andou em relacionamento Comigo. Você escolheu os caminhos da retidão e integridade. Portanto, estou qualificando-o como superior. Vou castigá-lo e levá-lo a um lugar mais elevado em Mim que você jamais conheceu".

Existem duas maneiras de ver a correção de Deus – como punição ou como promoção. Sim, *Deus disciplina e pune nossa pecaminosidade; mas há também uma correção que Ele traz para a vida de santos selecionados que Ele escolheu promover por causa da piedade e consagração deles.*

Em seu segundo discurso, Elifaz diz: **"Que sabes, que nós não sabemos? E que entendes, que não possamos entender? Também há entre nós encanecidos e idosos, muito mais idosos do que teu pai"** (15.9-10). Elifaz está indignado com Jó porque Jó está abandonando a sabedoria coletiva dos anciãos. Elifaz argumenta que os idosos viveram o suficiente para conhecer os caminhos de Deus. *O que ele não percebe é que quando Deus golpeia a Terra com perplexidade, nenhuma quantidade de experiência é útil.* Os mais velhos e mais sábios são reduzidos à condição de crianças diante de Deus quando Ele manifesta Suas estratégias para o tempo do fim. Experiência, antiguidade ou permanência tornam-se irrelevantes. Quando estamos nesta condição, se não recebemos algo de Deus, não sabemos nada.

Em seu terceiro discurso, Elifaz sarcasticamente pergunta a Jó: **"Ou te repreende, pelo temor que tem de ti, ou entra contigo em juízo?"** (22.4). Ironicamente, a resposta é sim!

Elifaz conclui com sua afirmação padrão de que Jó precisa se arrepender: **"Se te converteres ao Todo-poderoso, serás edificado; afasta a iniquidade da tua tenda"** (22.23).

Bildade

Bildade é o segundo amigo a falar. Ele profere o que é uma das declarações mais cruéis e insensíveis do livro: **"Se teus filhos pecaram contra Ele, também Ele os lançou na mão da sua transgressão"** (8.4). Que maneira de confortar seu amigo! Bildade está dizendo que Deus destruiu os filhos de Jó por causa da iniquidade deles. Bildade reforça a crueldade de Elifaz.

Bildade defende a mesma teologia excessivamente simplista de seus amigos – que Jó estaria bem agora se fosse tão justo quanto afirma ser: **"Se fores puro e reto, certamente logo despertará por ti e restaurará a morada da tua justiça"** (8.6). Ele não entende o processo.

Em seu segundo discurso, Bildade parece ofendido: **"Por que somos tratados como animais, e como imundos aos vossos olhos?"** (18.3). Ele está obviamente zangado e indignado porque Jó não aceita as palavras deles.

De acordo com Bildade, aqui está o que a maldade faz ao homem mau: **"Ela devorará os membros do seu corpo"** (18.13). Uma vez que Jó está sentado lá com furúnculos por toda a pele, não há como interpretar mal a mensagem de Bildade. Ele está acusando Jó de grande maldade. Bildade acrescenta isso a respeito do homem ímpio: **"Não terá filho nem neto entre o seu povo"** (18.19). Ele está propositalmente tocando um nervo muito ferido na alma de Jó – a perda de seus filhos. *É incrível como os amigos de Jó estão mirando golpes estrategicamente nele para extrair o máximo de dor.*

Zofar

Zofar é o último e menos prolixo dos amigos de Jó a responder a ele. Ele começa declarando a Jó: **"Pelo que sabe que Deus exige de ti menos do que merece a tua iniquidade"** (11.6). A pecaminosidade de Jó é tão grande, na avaliação de Zofar, que Deus está realmente sendo misericordioso em não punir mais a Jó. O fato de Jó estar sofrendo muito e os amigos não estarem sofrendo indica o quanto eles acreditam ser mais justos do que Jó. Considerar-se mais justo do que outra pessoa é tão fácil de fazer – algo que a maioria de nós já fez. Considere esta admoestação das Escrituras: "Nada façais por contenda ou por vanglória, mas por humildade. Cada um considere os outros superiores a si mesmo" (Filipenses 2.3).

Zofar parece ser o homem mais emocionalmente sensível dos três amigos. Ele diz: **"Eu ouvi a repreensão, que me envergonha, mas o espírito do meu entendimento responderá por mim"** (20.3). A expressão literal para "repreensão" é *"correção insultuosa"*. Zofar se sente insultado.

Ele leva os comentários de Jó de maneira muito pessoal e reage com base em suas inseguranças. Sua resposta é uma espécie de reação exagerada. Ele descreve os ímpios da seguinte forma, obviamente implicando Jó:

"**Engoliu riquezas, porém as vomitará; do seu ventre, Deus as lançará. (...) Restituirá o fruto do seu trabalho e não o engolirá; conforme o poder de sua mudança, não saltará de alegria, pois oprimiu e desamparou os pobres; roubou a casa que não edificou. Visto que não sentiu sossego no seu ventre, da sua tão desejada fazenda coisa nenhuma reterá. (...) As rendas de sua casa serão transportadas; no dia da sua ira, todas se derramarão. Esta, da parte de Deus, é a porção do homem ímpio; esta é a herança que Deus lhe reserva**" (20.15, 18-20, 28-29).

Zofar fala como se estivesse sendo objetivo sobre os ímpios, mas ele está descrevendo Jó de forma tão específica que é óbvio que está apontando para Jó pessoalmente como um homem muito perverso. Estas são as últimas palavras de Zofar. Ele desabafa e depois se cala.

Todos os três amigos de Jó concordam em um ponto: quando a punição de Deus visita um homem, é um indicador de que esse homem deve ser muito mau.

Jó alegou ser a exceção a essa regra, mas eles não podiam ver isso. Foi o consenso contra a voz solitária. Este é o padrão para o cadinho de Jó.

8

Eliú

Agora chegamos a uma das partes mais controversas de todo o livro – Eliú. Eliú anuncia sua chegada na história com ênfase para atrair atenção, e recebe a mais ampla variedade de análises de comentaristas. Apresentarei uma perspectiva sobre Eliú que pode não ser popular entre alguns. Sinta-se à vontade para discordar de mim, mas eu lhe convido a considerar minha "tomada" sobre Eliú.

Eliú era um jovem que falou nos capítulos 32-37 depois que os três amigos de Jó se reduziram ao silêncio. Não sabemos o que Deus pensa sobre Eliú, e é por isso que as opiniões variam tanto. Deus repreende os três amigos de Jó e honra e restaura Jó, mas não diz nada sobre Eliú. Portanto, as avaliações de Eliú variam desde maravilhoso a depreciativo.

Gosto de como Henry Halley descreve Eliú: "Muito de seu discurso consistia em dizer a eles que coisas maravilhosas ele ia dizer. Mas, como os outros, sua sabedoria principal estava no uso de palavras que ocultavam em vez de tornar claro seu significado. Sua principal argumentação parece ter sido que o Sofrimento é pretendido por Deus para ser Corretivo em vez de Punitivo"[4].

---

4   Halley's Bible Handbook, p. 246.

Eliú parece fazer muito mais sentido do que os três amigos de Jó, e muitos leitores o aceitam bem. Francamente, eu não. Não posso enaltecer Eliú. Deixe-me explicar.

E quanto a Eliú?

Para começar, Eliú tinha um problema de temperamento. Ele estava com raiva de Jó porque ele justificava a si mesmo ao ponto de criticar a Deus, e estava com raiva dos três amigos de Jó porque eles eram incapazes de contradizê-lo. Jó era um homem piedoso que estava na escola de treinamento do Espírito, e Eliú estava com raiva dele – uma reação inadequada. Eliú não entendeu o principal. Observe a raiva dele:

"Então aqueles três homens cessaram de responder a Jó, visto que ele era justo aos seus próprios olhos. E acendeu-se a ira de Eliú, filho de Baraquel, o buzita, da família de Rão; contra Jó se acendeu sua ira, porque se justificava a si mesmo, mais do que a Deus. Também sua ira se acendeu contra seus três amigos, porque, não achando o que responder, todavia condenavam Jó. Eliú, porém, esperou que Jó falasse, porque tinham mais idade do que ele. Vendo, pois, Eliú que já não havia resposta na boca daqueles três homens, sua ira se acendeu" (32.1-5).

Quatro vezes o texto diz que sua ira se acendeu. Eliú estava trabalhando com a força de sua alma e, portanto, era impossível para ele trabalhar com discernimento espiritual preciso.

Em segundo lugar, Eliú é arrogante. Sua raiva é um reflexo de sua arrogância. Ele acha que sabe o que está acontecendo na vida de Jó e acha que sabe o que Jó precisa fazer a respeito. Ele não tem consciência de como seu diagnóstico realmente está errado. O problema com Eliú e os amigos de Jó é este: eles pontificam sobre assuntos nos quais não aprenderam nenhuma experiência de vida. Eles tentam ensinar Jó sobre o sofrimento quando nunca passaram por uma fração do que ele experimentou. É quase impossível trazer um conselho equilibrado e completo de uma perspectiva tão intocada.

É muito fácil para os jovens caírem na armadilha da confiança que vem com a proclamação de uma causa justa (32.2). Há uma "indignação justa" que parece muito justificada e, no entanto, ministra a morte em vez da vida.

Eliú representa o jovem forte que é extremamente confiante nos compartimentos de sua teologia e que facilmente castiga qualquer um que não se encaixe em seu molde. O sucesso de Eliú na guerra espiritual faz com que ele julgue as fraquezas e falhas dos outros. *O sucesso ininterrupto eventualmente levará à tirania.*

Um comentarista expressa bem: "Há muito que é edificante e instrutivo nos argumentos e reflexões de Eliú; mas o tom do discurso é áspero, desrespeitoso e presunçoso, de modo que não sentimos surpresa por Jó não condescender em respondê-lo, mas por respondê-lo com um silêncio desdenhoso[5]".

Frustração de Eliú Com os Pais

Eliú manifesta o que é uma síndrome comum na igreja hoje: a frustração dos jovens em relação aos pais na fé. Eliú está chateado com esses homens que são da geração de seu pai. Ele está desapontado com o desempenho deles e critica sua sabedoria. Talvez você possa ver sua arrogância:

"Os grandes não são os sábios, nem os idosos entendem o que é reto. Por isso, digo: Dai-me ouvidos, e também darei minha opinião. Eis que aguardei vossas palavras e dei ouvidos às vossas considerações, até que buscásseis razões. Atentando, pois, para vós, eis que nenhum de vós há que possa convencer Jó, nem que responda às suas razões; por isso, não digais: Achamos a sabedoria; é Deus quem pode derrubá-lo, e não homem algum. Ora, ele não dirigiu contra mim palavra alguma, nem lhe responderei com vossas palavras" (32.9-14).

Eliú não é tolo. Sua irritação com a geração de seu pai é exacerbada pelo fato de que ele é incrivelmente brilhante e mais talentoso do que eles. Em muitos aspectos, ele provavelmente é mais competente do que eles. Ele está impaciente por sua vez no comando do ancionato. É sempre fácil para jovens rapazes criticar a geração mais velha – até que

---
5 O Comentário do Púlpito, Volume 7, Introdução a Jó, p. 6.

tenham que tomar esse tipo de decisão e, então, tenham que conviver com as consequências de seus próprios julgamentos sem experiência.

Eliú decidiu que não vai repetir os erros deles. Ele não vai fazer rodeios e ser hesitante com os problemas. Ele decide que não vai se acovardar sob o medo do homem; ele falará sem respeito das pessoas. Ele diz isso em Jó 32.21-22: "**Não quero fazer acepção de pessoas, nem usar de lisonjas com o homem. Porque não sei usar de lisonjas; em breve meu Criador me levaria**".

Aqui está o perigo: é possível, sob a bandeira de "não serei governado pelo medo do homem", explodir pessoas com sua arma.

Falhas de Eliú

Eliú está trabalhando com outro ponto cego: "**Porque estou cheio de palavras; meu espírito me constrange**" (32.18). Eliú é "**cheio de palavras**", o que é evidenciado pela extensão de seu discurso – seis capítulos! Suas muitas palavras são parte de seu problema. Eu me pergunto se Salomão teria Eliú parcialmente em mente quando escreveu Provérbios 10.19: "Na multidão de palavras não falta transgressão, mas o que modera seus lábios é prudente". Na multidão de suas palavras, Eliú pecou.

Às vezes parece que Eliú tem uma visão notável, mas então quando você olha para as conclusões que ele tira, percebe que ele não estava tomando a direção certa. Aqui está sua análise final de Jó: "**Pai meu! Provado seja Jó até o fim, pelas suas respostas próprias de homens malignos. Porque ao seu pecado acrescenta a transgressão; entre nós bate palmas e multiplica suas razões contra Deus**" (34.36-37).

Eliú erra grandemente. Ele mostra quão pouco entende o cadinho de Jó, quão inexperiente ele é nas decepções da vida, e revela sua falta de consideração compassiva pela dor de outra pessoa. Além disso, ele julga mal as intenções do coração de Jó, acusando-o de rebelião. Em sua sinceridade, ele acaba fazendo parceria com o acusador para condenar Jó, em vez de servi-lo.

As palavras de Eliú aqui são muito tolas: "**Pai meu! Provado seja Jó até o fim, pelas suas respostas próprias de homens malignos!**" (34.36) Que coisa horrível – desejar que alguém fosse julgado ao máximo por seus pecados! Davi declarou: "Não nos tratou consoante nossos pecados, nem nos recompensou segundo nossas iniquidades" (Salmos 103.10). Graças a Deus! Além disso, diz: "Se Tu, Senhor, observares a iniquidade, quem subsistirá, Senhor?" (Salmos 130.3). Se Deus nos pagasse de acordo com nossas iniquidades, todos nós seríamos exterminados agora mesmo! Ele lida conosco com incrível misericórdia! Portanto, as palavras de Eliú são muito tolas, porque Jesus disse: "Com a medida com que medirdes, sereis medido" (Marcos 4.24). Será que Eliú deseja que Deus faça com ele o que desejou para Jó, provando-o ao máximo por sua própria iniquidade? Ele certamente seria devastado!

Não importa o que Jó diga, Eliú o critica. Eliú diz: **"Porque Jó disse: Sou justo, e Deus tirou meu direito. Apesar do meu direito, sou considerado mentiroso; minha ferida é incurável, embora eu não tenha transgredido"** (34.5-6). Jó fala corretamente sobre isso, mas agora olhe para a crítica de Eliú: **"Que homem há como Jó, que bebe a zombaria como água, caminha em companhia dos que praticam a iniquidade e anda com homens ímpios? Porque disse: De nada aproveita ao homem comprazer-se em Deus"** (34.7-9). Ele está tão estafado de Jó que nessa frase final atribui a Jó algo que ele nem mesmo disse! É aqui que ele assume o papel de acusador, agredindo Jó com falsas acusações.

Eliú está certo em perceber que o propósito de Deus no cadinho é mudar Jó, mas ele conclui que Jó não está reagindo apropriadamente: **"Guarda-te e não te inclines à iniquidade, porque isto escolheste antes que tua miséria"** (36.21). Eliú está dizendo que, em vez de aceitar a aflição de maneira adequada, Jó está reagindo de maneira errada e, portanto, deve trazer uma condenação ainda maior sobre si mesmo. Quando você não está no cadinho, é fácil olhar para alguém no cadinho e pensar que eles estão lidando com ele da maneira errada.

Por que Jó não responde a ele? Porque a arrogância e atrevimento de Eliú não merecem uma resposta. Por que Deus não o repreende? Esta é uma pergunta assustadora, pois Jesus disse: "Eu repreendo e castigo todos quantos amo" (Apocalipse 3.19). A ausência de repreensão de Deus por Eliú carrega um silêncio sinistro, um terrível pressentimento do que Deus poderia estar pensando sobre Eliú.

Todos que Deus ama no livro são repreendidos por Deus, especialmente Jó. *Aqui está um verdadeiro princípio visto no livro de Jó: quando Deus aparece, todos recebem uma repreensão.*

Procurando Por Eliú no Calvário

No próximo capítulo, mostrarei uma conexão clara entre os três amigos de Jó e as três categorias de pessoas que zombaram de Jesus para que Ele Se salvasse – os judeus, os romanos e os ladrões. Não acredito que estejamos distorcendo as Escrituras para ver representações da paixão de Cristo no livro de Jó. Portanto, comecei a olhar para Eliú desta perspectiva: se os três amigos de Jó têm seus homólogos na crucificação, quem é o homólogo de Eliú na crucificação de Cristo?

O que estou prestes a apresentar não o dou com confiança dogmática. Em vez disso, eu o sugiro como merecedor de consideração cuidadosa. Não estou estabelecendo doutrina, mas estou sugerindo uma interpretação de uma maneira de ver Eliú nos sofrimentos de Cristo. Esta é uma analogia, não uma alegoria.

Considere comigo a possibilidade de que Eliú represente o ataque mental de Satanás contra Cristo nas três horas finais de Sua paixão.

A escuridão caiu sobre a terra durante as três horas finais de Cristo na cruz. Todos os quatro Evangelhos estão em silêncio nesse ponto, não nos dizendo nada sobre o que aconteceu durante aquelas três horas sombrias. É como se o Espírito Santo estivesse dizendo: "Não quero falar sobre isso". A dor da Divindade durante essas três horas finais foi incomensurável.

A Bíblia nada diz sobre isso, mas não é razoável supor que Satanás teria atormentado Jesus mentalmente durante aquelas horas solitárias na cruz? Os ataques de Satanás sempre foram contra a mente. Certamente Satanás teria tentado, até o último momento, desalojar Cristo de Seu propósito redentor enquanto Ele estava pendurado na cruz.

Tática Final de Satanás

Essas últimas três horas na cruz foram a última chance de Satanás. Se ele não conseguisse tentar Jesus a abortar o processo com sucesso, Jesus surgiria como o Vencedor. Satanás estava observando Jesus passar em todos os testes bem-sucedido e estava ficando desesperado com o pensamento de que Ele perseveraria até a vitória. Então, Satanás derramou seu ataque mais sombrio e vil sobre Jesus naquelas horas finais.

Eu acredito que a mesma coisa estava acontecendo com Jó. Jó suportou as acusações zombeteiras de seus três amigos e perseverou na provação em direção à vitória. Então, Satanás lançou seu último e mais traiçoeiro ataque – Eliú.

No final de Jó 31, Satanás está muito nervoso. Ele não apenas não teve sucesso em fazer com que Jó amaldiçoasse a Deus, mas também viu Deus transformar Jó em um navio muito perigoso. Satanás lança um grande ataque final ao mobilizar Eliú. Ele escolhe um navio que é jovem, impetuoso, articulado e extremamente brilhante, com autoconfiança suficiente para falar coisas presunçosas.

Eliú representa o último esforço de Satanás para tirar o santo do caminho da retidão. O discurso de Eliú é o último grande tormento que Jó deve suportar antes da glória da visitação de Deus. A arma de Eliú é seu intelecto. Ele é muito mais inteligente do que os três amigos de Jó e muito mais capaz de encher a mente de Jó de confusão e dúvidas.

A dor de seu ataque a Jó é exacerbada pela astúcia de suas capacidades mentais. Nesse sentido, Eliú é um homólogo de Satanás, que é muito adepto do uso de sua astúcia para desorientar os santos.

Satanás sempre vem ao povo de Deus como um anjo de luz, fingindo ser seu advogado (2 Coríntios 11.14). Da mesma forma, Eliú (cujo nome significa "meu Deus é Ele") finge ser amigo e advogado de Jó. **"Semelhantemente a ti, vim de Deus; também fui formado do barro. Eis que não te perturbará meu terror, nem será pesada sobre ti minha mão"** (33.6-7). Eliú está fazendo duas reivindicações: 1) ele é o mediador pelo qual Jó ansiava (ver 9.33; 23.3-7). Ele recebeu revelação de Deus, mas também é formado do barro, então se qualifica como o porta-voz ou mediador entre Jó e Deus – uma ostentação bastante forte; 2) ele está afirmando que tratará Jó gentilmente com sua língua. Mas Eliú viola ambas as afirmações. Ele não é um mediador capaz e, na verdade, esfaqueia Jó com mais crueldade com a língua do que os outros.

A tática costumeira de Satanás é chegar o mais perto da verdade possível e, em seguida, usar a verdade como alavanca para tentar o santo a pecar. Isso é o que ele fez na tentação de Jesus, pois ele citou as Escrituras como base para seu apelo a Jesus (Mateus 4.6). E esta é a tática de Eliú com Jó. Eliú usa sua inteligência para articular alguns argumentos muito sensatos, mas então ele pega a verdade de suas declarações e a usa como uma espada para golpear Jó.

Os argumentos de Eliú estão mais próximos da verdade, o que os torna ainda mais dolorosos. Satanás sabe como usar a verdade contra nós para obter vantagem total. Eliú faz uma das maiores declarações da verdade em 35.14, mas a usa nos próximos dois versículos para esfaquear Jó. Esta é a maneira de Satanás. *A maior dor vem à alma quando a verdade é dita a nós, mas de forma a destruir e humilhar.* Essa tática produz grande sofrimento mental, pois agora Jó deve se perguntar: "É realmente assim que as coisas são? Este homem parece ter uma visão tão clara, há uma lógica tão clara em suas palavras, ele poderia estar certo? Eu sou de fato essa pessoa perversa que ele descreve?"

Nós não sabemos a natureza precisa do sofrimento de Jesus na cruz, e é admitidamente uma conjectura supor que Satanás lançou um ataque mental final contra Jesus durante Suas últimas três horas na cruz. Mas talvez Jesus estivesse insinuando algo quando clamou bem no final: "*Eli, Eli, lamá sabactani?*" Isto é, "Deus Meu, Deus Meu, por que Me desamparaste?" (Mateus 27.46). Estamos indo longe demais ao sugerir uma possível conexão entre "Eli, Eli" e "Eliú?" Certamente Satanás usou todo o seu intelecto para atacar a mente de Cristo na cruz – para tentar, com pensamentos atormentadores, fazer com que Cristo amaldiçoasse Seu Pai.

Observe que Eliú não é chamado de amigo de Jó, pois Satanás não é amigo de Jesus. Eliú é chamado de amigo dos três antagonistas de Jó (32.3) porque eles certamente fizeram parceria com suas acusações, mas ele não é chamado de amigo de Jó. No final, Jó é restaurado em amizade com Elifaz, Bildade e Zofar – mas não com Eliú. Eliú nunca será amigo de Jó.

Até o meio-dia, os soldados, fariseus e as pessoas derramaram seu veneno sobre Cristo. Quando eles ficaram em silêncio, Satanás (Eliú) assumiu a tarefa. O sol escureceu e as horas mais sombrias de Jesus começaram quando Satanás despejou o equivalente aos seis capítulos de ataques de Eliú.

Sempre me perguntei por que Satanás crucificou Jesus quando Jesus profetizou claramente Sua morte e ressurreição. Superficialmente, parece que Satanás fez involuntariamente exatamente o que Jesus desejava, cumprindo estupidamente a profecia de Jesus ao pregá-Lo na cruz. Mas Satanás não é tolo. Visto que a cruz foi a queda de Satanás, por que ele pareceria cooperar com os propósitos de Deus com tanta boa vontade? Talvez a resposta seja esta: Satanás queria uma chance de atacar a mente de Jesus no contexto do sofrimento final. Ele tinha autoconfiança suficiente em sua habilidade de usar a verdade como uma espada, e mesmo que não tenha derrotado Jesus no deserto, ele pensou que tinha uma chance melhor de derrotá-Lo em um lugar de grande sofrimento. Seu plano era usar as Escrituras e a verdade contra Jesus enquanto estava na cruz, para desencorajar Sua alma a ponto de blasfemar contra Deus. Mas o profeta predisse que Ele não Se desencorajaria a ponto de blasfemar contra Deus: "Ele não faltará, nem será quebrantado, até que ponha na Terra a justiça" (Isaías 42.4).

Aleluia! Jesus ressuscitou para a vitória! E Jó também.

# 9

Paralelos Com A Cruz

Minha teologia de anos atrás não via nenhuma conexão entre os sofrimentos de Jó e de Cristo. Mas isso mudou. Agora eu vejo paralelos notáveis entre os sofrimentos de Jó e de Cristo. Não estou sozinho, pois era prática nas igrejas do segundo século ler Jó durante a Semana da Paixão[6].

Jesus disse das Escrituras do Antigo Testamento que "são elas que de Mim testificam" (João 5.39). Considere comigo como o livro de Jó testifica de Cristo e Seus sofrimentos:

1. O homem mais justo da Terra sofreu mais do que qualquer homem na Terra.

Isso é verdade tanto para Jó quanto para Jesus. Jó é o padrão para o sofrimento no Antigo Testamento, e Jesus é o padrão no Novo Testamento. Os sofrimentos de Jó apontam profeticamente para o Messias, predizendo que o Íntegro de Deus sofreria inexprimivelmente em nosso favor.

---
6 Comentário Homilético do Pregador: Volume 10, páginas 5, 53, 80.

2. Jó não fez nada de errado para merecer seu sofrimento.

Nem Jesus. Uma vez que nenhum dos homens fez nada de mal para merecer seu sofrimento, nossa tendência é olhar para seus sofrimentos e gritar: "Isso é injusto!" Em certo sentido, isso é verdade. Se você vê o sofrimento como punição pelo pecado, então o sofrimento deles é totalmente injusto.

É neste sentido que se diz de Cristo: "Do Juízo... Ele foi tirado" (Isaías 53.8). Jesus foi privado de justiça quando foi sentenciado à cruz.

Agora veja o que se diz sobre Jó: **"O Senhor disse a Satanás: Observaste o Meu servo Jó? Porque ninguém há na terra semelhante a ele, homem sincero e reto, temente a Deus e que se desvia do mal. Ele ainda retém a sua sinceridade, embora tu Me houvesses incitado contra ele, para o consumir sem causa"** (2.3). Deus testificou aqui que Jó sofreu sem uma causa má. Foi um sofrimento injusto.

Embora algum sofrimento pareça injusto, entretanto, a justiça de Deus não será comprometida. Quando um santo sofre injustamente, a justiça de Deus encontra uma maneira de transformar esse sofrimento em algo redentor, tirando o bem do que foi planejado para o mal.

3. Jó sofreu tão agudamente que os homens em todos os lugares puderam se identificar com ele.

Nunca conheci um santo que dissesse: "Os sofrimentos de Jó não foram nada comparados com os que tive de suportar". Não, praticamente todos acham que Jó sofreu tanto ou mais do que eles próprios. Aqui está o poder do exemplo apostólico de Jó, porque todo sofredor é capaz de se conectar com Jó, encontrando esperança, encorajamento e fé na misericórdia de Deus para com ele. Desta forma, o sofrimento de Jó foi redentor.

Da mesma forma, ninguém pode olhar para a cruz e dizer: "Jesus não conhece a dor. Ele não sofreu como eu estou sofrendo. Ele não consegue Se identificar com a minha dor". Ninguém pode falar assim. Literalmente, qualquer pessoa no planeta pode olhar para o sofrimento de Jesus e reconhecer que Jesus sofreu tanto ou mais do que nós jamais sofremos. Ninguém entende a dor melhor do que Jesus. Ele afundou até a última gota do sofrimento humano para que agora pudesse elevar o menor dos homens às alturas da glória.

É o fato de que ninguém sofreu mais do que Jó ou Jesus que os qualifica para servirem de exemplo para toda a raça humana. A maior voz não é dada aos intocados ou ilesos, mas àqueles que experimentaram a dor daqueles a quem foram enviados. *Deus permitirá que Seus servos passem pela dor para que sejam ungidos para falar com aqueles que sofrem assim.* Jeremias não merecia prisão, mas Deus permitiu que ele sofresse a privação da prisão para que pudesse ter o poder de falar profeticamente ao povo sobre sua prisão iminente na Babilônia. Quando o povo acabou em cativeiro na Babilônia, eles puderam receber o ministério de Jeremias porque ele havia morado onde eles viviam agora. A dor deu a Jeremias um palanque para o impacto do ministério.

Jesus poderia ter Se isentado das consequências dolorosas de nosso pecado, mas escolheu Se identificar com o sofrimento da humanidade pecadora. Aqui está o poder do evangelho.

Embora o sofrimento de Jó nos sirva hoje, ainda mais os sofrimentos de Cristo valem para nós. Da mesma forma, existem alguns que são chamados a sofrer por amor ao corpo de Cristo. Paulo escreveu: "Regozijo-me agora no que padeço por vós e cumpro na minha carne o resto das aflições de Cristo, *pelo Seu corpo*, que é a igreja" (Colossenses 1.24). Paulo encontrou um propósito em sua dor que ia além do valor da aflição para mantê-lo humilde, dependente ou purificado. Ele percebeu que seus sofrimentos visavam beneficiar o corpo de Cristo. Sua fraqueza era ministrar vida a outros, dando-lhes coragem para perseverar. Assim, o poderoso apóstolo tornou-se relevante para o menor e mais fraco dos santos. Como Jó, isso é sofrimento com propósito redentor.

4. Era a vontade de Deus que Jó sofresse.

Deus tinha um propósito profundo no cadinho de Jó, o qual discutiremos longamente em outras partes deste livro. O sofrimento de Jó foi ideia de Deus, não de Satanás. Isso é provado pelo fato de que Deus mencionou o nome de Jó a Satanás, não o contrário. Deus começou a briga. A provação geral de Jó foi a vontade soberana de Deus que tinha um plano para produzir uma grande bênção a partir do sofrimento de Jó.

Da mesma forma, era a vontade de Deus que Jesus sofresse. Uma das declarações mais surpreendentes sobre os sofrimentos de Cristo é encontrada em Isaías 53.10: "Todavia, ao Senhor *agradou* moê-Lo".

Deus teve prazer nos sofrimentos de Cristo, não por causa da dor, mas por causa da glória que resultaria.

Jó participou do que as Escrituras chamam de "participação das aflições de Cristo" (Colossenses 1.24). O que significa compartilhar as aflições de Cristo? A resposta para isso é muito importante porque nem todos os sofrimentos são uma participação nas aflições de Cristo (existem coisas como sofrimento estúpido e sofrimento sem sentido). Aqui está a resposta que concluí ao estudar essa questão muito fervorosamente. *Participar das aflições de Cristo é "padecer segundo a vontade de Deus"* (1 Pedro 4.19). Quando Deus deseja que soframos de certa maneira por um determinado período, Ele sempre tem um propósito redentor nisso. Apocalipse 6.11 mostra que há uma medida quantitativa de sofrimento que a igreja deve preencher antes que Cristo volte. *As lágrimas da noiva de Cristo regam o solo da colheita do tempo do fim.*

Às vezes você ouve a voz: "Você está apenas sofrendo de sua própria dor. Seu sofrimento não tem significado. Olhe para si mesmo, o que o seu mundinho doloroso está realizando para as outras pessoas? Isso é sofrimento sem sentido, é uma dor sem propósito. Você não está realizando nada com sua cruzinha particular". Isso é o que eles diriam a Jesus também, enquanto Ele estava pendurado no Gólgota. "O que você acha que está conseguindo com isso?" Mas Deus tem uma maneira de pegar nosso sofrimento pessoal e particular *e transformá-lo em algo que alimenta as nações* – se reagirmos apropriadamente a isso.

5. O sofrimento foi o caminho de Deus para que Jó entrasse em sua herança superior.

O sofrimento era a única maneira de Jó obter sua herança. Ele permaneceu fiel na provação e, por fim, recebeu a promessa (ver Hebreus 6.15). Entre muitos outros importantes privilégios, Jó teve a honra de estabelecer a primeira pedra angular de todas as Sagradas Escrituras. Ele recebeu uma porção dobrada de bênção e um lugar de grande honra nos propósitos redentores de Deus.

O sofrimento também foi o caminho de Jesus para a promoção. O diabo tentou Jesus oferecendo-Lhe a honra das nações sem a agonia da cruz (Mateus 4.8-9). Mas Jesus recusou o caminho mais fácil e, em vez disso, voltou Sua face resolutamente para a cruz.

Como resultado, Jesus recebeu um lugar de honra no Céu que é superior – se isso fosse possível – do que aquele que Ele conhecia antes. "Pelo que também Deus O exaltou soberanamente e Lhe deu um nome que é sobre todo nome, para que ao nome de Jesus se dobre todo joelho dos que estão nos céus, na terra e debaixo da terra, e toda a língua confesse que Jesus Cristo é o Senhor, para a glória de Deus Pai" (Filipenses 2.9-11). Glória infinita agora aguarda o Senhor Jesus Cristo porque Ele disse sim à dor.

Este é um princípio poderoso: *Deus designa Seus favoritos para o sofrimento*. Aqueles que são chamados para a maior promoção também são designados para o maior sofrimento (ver Atos 9.15-16).

Como Jó, Cristo Se tornou um espetáculo em Seu sofrimento a fim de que, por meio da vergonha de Seus sofrimentos, pudesse fazer um espetáculo dos poderes das trevas (Colossenses 2.15).

6. Jó perguntou por quê.

- **"Se pequei, que mal Te fiz, ó Guarda dos homens? Por que fizeste de mim um alvo para Ti, para que me tornasse pesado para mim mesmo? Por que não perdoas a minha transgressão, não tiras a minha iniquidade? Porque agora me deitarei no pó, de madrugada me buscarás, e não estarei lá"** (7.20-21).
- **"Direi a Deus: não me condenes. Faze-me saber por que contendes comigo"** (10.2).
- **"Por que escondes o rosto e me consideras Teu inimigo?"** (13.24).

No ponto crucial de sua dor, Jó ansiava saber por quê. Jesus também perguntou por quê. Vemos isso no final de Sua provação na cruz: "Perto da hora nona, Jesus bradou em alta voz: *Eli, Eli, lamá sabactani*; isto é, Deus Meu, Deus Meu, *por que* Me desamparaste?" (Mateus 27.46).

Não repreenda o santo sofredor que pergunta por quê. O Senhor deseja que cresçamos em nossa compreensão do porquê, mas há momentos em que simplesmente não entendemos. As Escrituras nos convidam a "aprender no Seu templo" (Salmo 27.4). Mas é importante *como* você pergunta por quê. Você deve perguntar por que em Seu templo. Não saia por aí questionando Deus para outras pessoas, isso vai gerar rapidamente o desagrado de Deus. Se você tiver alguma dúvida, pergunte a Ele diretamente.

7. Em sua hora mais sombria, os amigos de Jó falharam com ele.

Este parece ser um denominador comum na maior das provas. Aconteceu com Jó, aconteceu com Jesus e ainda acontece hoje. É uma parte vital do processo de Deus formar o homem, transformar seu odre e prepará-lo para coisas superiores.

De forma limitada, a esposa de Jó tem um paralelo com os discípulos. Assim como a esposa de Jó era a pessoa mais próxima de seu coração, os discípulos eram os mais próximos de Jesus.

Jó foi abandonado pela esposa de suas afeições; Jesus foi traído por um discípulo com um beijo.

8. Os sofrimentos de Jó tiveram três fontes: o abandono de Deus, os ataques de Satanás e as reprovações das pessoas.

Jesus sofreu da mesma combinação tripla. Tanto Jó quanto Jesus sentiram que todo o céu, inferno e Terra se uniram contra eles. Vejamos esses três elementos em ambas as vidas.

Abandono de Deus:
- Jó não conseguia encontrar Deus em lugar nenhum.
- Jesus gritou: "Por que Me desamparaste?"

Ataques de Satanás:
- Satanás instigou pessoalmente as calamidades e furúnculos de Jó.
- Satanás encheu Judas, os líderes judeus e os soldados romanos com um desejo quase insano pelo sangue de Jesus. Jesus disse: "mas esta é vossa hora e o poder das trevas" (Lucas 22.53) – a cruz foi claramente instigada por Satanás.

Reprovações das pessoas:

- Jó foi repreendido por seus três amigos. Deus vindicou Jó a tempo, lavando sua reprovação e fazendo com que seus conhecidos reconhecessem sua honra.
- Jesus foi insultado pelos judeus, romanos e ladrões que foram crucificados com Ele. Mas Deus ainda não vindicou Cristo completamente. Há um opróbrio que Cristo ainda carrega perante os incrédulos. Tão certo quanto Deus vindicou Jó, Deus irá vindicar a Cristo e lavar todas as Suas reprovações. No último dia, este será o objetivo principal do Pai – vindicar Seu amado Filho diante de todo o Céu, Terra e inferno. Naquele dia, a honra concedida ao belo Filho de Deus será incomparável. Terá valido a pena esperar!

9. Jó foi acusado falsamente.

Em seu discurso final contra Jó, Elifaz lançou uma série de acusações: **"Porque penhoraste teus irmãos sem nenhum motivo e despojaste das vestes os que não tinham quase nada. Não deste de beber água ao cansado e retiveste o pão do faminto. Mas para o violento era a terra, e o homem privilegiado habitava nela. Despediste vazias as viúvas, e os braços dos órfãos foram quebrados. Por isso é que estás cercado de laços e te perturba um pavor repentino"** (22.6-10). Esta é uma das passagens mais intrigantes de todo o livro. Nenhuma dessas acusações é verdadeira! Nos capítulos 29-31, Jó responderá a cada uma dessas acusações, mas, como amigo de Jó, certamente Elifaz saberia que ele o está acusando falsamente. Ele está criando acusações do nada, esperando que pudesse acertar uma flecha perdida.

Eles fizeram a mesma coisa com Jesus, cuspindo acusações curtas e rápidas contra Ele, esperando que apenas uma de suas acusações encontrasse base legal para a crucificação.

10. Jó foi desafiado por outros a se salvar.

Os três amigos de Jó instigaram Jó a se salvar. Eles basicamente disseram: "Se você se arrepender de seus pecados, Deus irá perdoá-lo e curá-lo, e você pode superar isso e seguir em frente com sua vida. Arrependa-se e *poupe-se* de mais dores!"

Nesse sentido, os três amigos de Jó representam as três categorias de pessoas que zombaram de Jesus para que Ele salvasse a Si mesmo:

1) Os judeus:

"E os que passavam blasfemavam Dele, meneando a cabeça e dizendo: Tu, que destróis o templo e em três dias o reedificas, salva a Ti mesmo; se és Filho de Deus, desce da cruz. Da mesma maneira, também os príncipes dos sacerdotes, com os escribas, anciãos e fariseus, escarneciam Dele, dizendo: Salvou outros e a Si mesmo não pode salvar-Se. Se é o Rei de Israel, desça agora da cruz, e creremos Nele" (Mateus 27.39-42).

2) Os gentios (Romanos):

"Também os soldados escarneciam Dele e, chegando-se a Ele, apresentaram-lhe vinagre e disseram: Se és o Rei dos judeus, salva a Ti mesmo" (Lucas 23.36-37).

3) Os ladrões:

"Um dos malfeitores que estavam pendurados blasfemava Dele, dizendo: Se és o Cristo, salva a Ti mesmo e a nós" (Lucas 23.39).

Uma grande diferença entre Jó e Jesus neste caso é o fato de que Jesus tinha o poder de salvar a Si mesmo, Jó não o tinha. Nenhuma quantidade de arrependimento poderia salvar Jó. Tudo que Jó podia fazer era esperar em Deus e confiar Nele. E isso foi o suficiente.

11. Jó foi ressuscitado de seus sofrimentos para um ministério de intercessão por seus amigos.

Jesus também. Quando Jesus ressuscitou dos mortos, Ele ressuscitou como um intercessor em nosso favor: "Portanto, também pode salvar perfeitamente os que por Ele se achegam a Deus, vivendo sempre para interceder por eles" (Hebreus 7.25).

Da mesma forma, Jó foi levantado no último capítulo para ser um intercessor mesmo para aqueles que acrescentaram aflição à sua miséria. Aqui está a passagem:

"Ao terminar de dizer essas palavras a Jó, o SENHOR** disse a Elifaz, o temanita: Minha ira se acendeu contra ti e teus dois ami-**

gos, porque não dissestes de Mim o que era reto, como o Meu servo Jó. Tomai, pois, sete bezerros e sete carneiros, ide ao Meu servo Jó e oferecei holocaustos em vosso favor, e Meu servo Jó intercederá por vós; porque deveras a ele aceitarei, para que Eu não vos trate consoante vossa loucura; porque vós não falastes de Mim o que era reto como o Meu servo Jó. Então foram Elifaz, o temanita, Bildade, o suíta, e Zofar, o naamatita, e fizeram como o Senhor lhes dissera; e o Senhor aceitou a intercessão de Jó. O Senhor mudou a sorte de Jó, quando ele orava pelos seus amigos; o Senhor acrescentou a Jó outro tanto em dobro a tudo quanto antes possuía" (Jó 42.7-10).

O cadinho produziu em Jó uma nova autoridade na oração e uma nova dimensão para ver suas orações respondidas.

A passagem também sugere que qualquer separação que tenha ocorrido entre Jó e seus amigos durante o período de aflição, por meio de suas orações, os antagonistas de Jó foram restaurados ao status de amizade com ele. Isso é o que Cristo fez por nós também! Nós, que éramos Seus odiosos inimigos, agora, por Sua intercessão, nos tornamos Seus amigos.

Jó não saiu do cadinho simplesmente com um novo compromisso de intercessão, ele saiu com uma nova identidade. A intercessão não era algo que ele fazia, era algo que ele era. De maneira semelhante, Jesus passou por Seus sofrimentos qualificado para ser um intercessor em nosso favor.

Espero que você tenha sido edificado para contemplar Jesus na vida de Jó. Mas só porque existem paralelos entre os dois, não significa que Jó era perfeito. Vamos voltar agora e olhar para o seu fracasso.

10

O Fracasso de Jó

Estabelecemos que Jó era irrepreensível diante de Deus e do homem. Mas ele era perfeito? Ele reagiu perfeitamente à sua calamidade? A resposta é não. Jó não era perfeito, nem lidou com sua crise sem pecar.

Existe apenas um Homem que já reagiu adequadamente no meio do vale da sombra da morte, e Ele foi chamado Jesus de Nazaré. Nenhum outro ser humano é capaz de atravessar as profundezas do vale sem pecado.

Jó recebeu de Deus as notas mais altas que qualquer homem quebrantado, fraco e pecador poderia esperar receber, e ainda assim ele desabou sob o peso de sua dor. *Quando estamos no cadinho, Deus não espera que todas as nossas reações sejam perfeita*s. Afinal, o objetivo do cadinho é trazer imperfeições à superfície. Deus é grande o suficiente para lidar com nossos medos, frustrações, anseios, ansiedades, depressão, raiva e autopiedade. Jó não era perfeito, e Deus tinha muita correção para trazer a ele. Mas o veredicto final de Deus sobre Jó é que ele era um servo leal e justo. O prazer de Deus é muito evidente neste homem que manteve sua face voltada para Deus durante a maior provação de sua vida.

Se você olhar para Jó e pensar: "Eu nunca ficaria com raiva de Deus dessa maneira", então você está enganado. Você se superestima muito. Você nunca ficou com raiva de Deus porque, em Sua graça, Ele lhe poupou desse grau de calamidade. Mas acredite em mim, se Ele a enviasse para você, você ficaria zangado com Ele. Deus esperava que Jó ficasse zangado com Ele. Faz parte do pacote. Mas Ele não esperava que ele continuasse com raiva. Ele esperava que Jó buscasse fervorosamente e encontrasse Deus em sua calamidade. Quando você encontra a face de Deus em sua calamidade, a raiva é sanada. Você não pode ver o rosto de Deus e ficar zangado com Ele – Ele é lindo demais!

Jó Não Era Isento de Pecado

Jó admite possuir pecado e iniquidade: **"Por que não perdoas a minha transgressão, não tiras a minha iniquidade?"** (7.21). Jó não afirma ser isento de pecado; ele está simplesmente afirmando que não há nenhum pecado grande e feio em sua vida que tenha resultado neste juízo. Ele reconhece que todos nós temos iniquidade – motivos internos do coração que carecem da glória de Deus. Sua pergunta aqui é: "Deus, se Tu estás me julgando por minha iniquidade, por que não me perdoas e me curas?"

- **"Quantas culpas e pecados eu tenho? Notifica-me a minha transgressão e o meu pecado (...) Porque escreves contra mim coisas amargas e me fazes herdar as culpas da minha mocidade"** (13.23 e 26).
- **"Se, como Adão, encobri minhas transgressões, ocultando meu delito no meu seio"** (31.33).

Assim, Jó reconhece que ele tem iniquidade dentro de si, ele não é isento de pecado. A iniquidade se refere à inclinação do coração humano para o mal, aquela capacidade de pecar dentro de todos nós, o lado escuro e cavernoso de nossos corações que não entendemos completamente e de onde surgirão coisas repulsivas que nem sabíamos que existiam. Assim, enquanto confessa que tem iniquidade, Jó insiste: **"Longe de mim que eu vos justifique; até que eu expire, nunca apartarei de mim minha sinceridade"** (27.5).

Jó não é isento de pecado, mas mantém sua sinceridade. Isso pode parecer uma contradição, então precisamos entender o que Jó quer dizer com sinceridade. Para Jó, sinceridade se refere a uma probidade de coração cujo propósito é seguir a retidão e abandonar o mal. A sinceridade mantém uma consciência pura por meio de arrependimento imediato e comportamento piedoso – tanto quanto é do nosso conhecimento. Jó tem a consciência limpa, então ele não vai mentir e inventar algum pecado grave.

A Boca de Jó

Há dois pontos onde se diz que Jó não pecou:

- **"Em tudo isto, Jó não pecou nem atribuiu a Deus falta alguma"** (1.22).
- **"Porém, ele lhe respondeu: Falas como qualquer louca. Temos recebido o bem de Deus e não receberíamos também o mal? Em tudo isto não pecou Jó com os lábios"** (2.10).

Mas depois do capítulo 3, nunca mais se diz que Jó agiu sem pecado. Quando o cadinho se tornou aparentemente interminável, a alma de Jó entrou em colapso e, no desespero de sua humanidade, ele abriu a boca e começou a desabafar sua agonia de alma. O Espírito Santo testifica: "Na multidão de palavras não falta transgressão, mas o que modera seus lábios é prudente" (Provérbios 10.19).

Jó sentiu que não tinha mais nada a perder, então decidiu abrir a boca e articular sua dor. Em contraste, foi dito de Jesus: "Ele foi oprimido e afligido, mas não abriu a boca; Ele foi conduzido como um cordeiro ao matadouro, e como a ovelha silencia diante dos tosquiadores, por isso não abriu a boca" (Isaías 53.7). Foi em suas muitas palavras que Jó (assim como os outros quatro homens que falaram no livro) careceu da glória de Deus (Romanos 3.23), e é isso que precipita a repreensão de Deus – **"Quem é este que escurece o conselho com palavras sem conhecimento?"** (38.2). Deus estava dizendo: "Jó, você não sabe do que está falando".

Quando Deus interrogou Jó nos capítulos 38-41, Ele fez-lhe muitas perguntas como: "Onde estavas tu, quando Eu fundava a Terra?" Ou, "Tu entendes as maravilhas intrincadas da ordem criada?" Para cada pergunta, Jó teve que responder "Não". No entanto, considere isto: a cada pergunta, Jesus seria capaz de responder "Sim". Jó, que sabia tão pouco, abriu a boca. Jesus, que tudo sabia, manteve a boca fechada. *Hummm*, parece que há uma lição aqui em algum lugar.

No final, quando Jó contemplou a glória de Deus, ele disse: "**Eis que sou vil; que Te responderia? Ponho minha mão na boca. Já uma vez falei e não replicarei; ou ainda duas vezes, porém não prosseguirei**" (40.4-5). Foi necessária revelação soberana para capacitar Jó a aquietar sua língua.

Deus ainda repreendeu mais a Jó:

- "**Disse mais o SENHOR a Jó: Porventura o contender com o Todo-poderoso é ensinar? Quem assim argui Deus, responda a estas coisas**" (40.1-2).
- "**Porventura também farás vão Meu juízo? Ou Me condenarás, para te justificares?**" (40.8).

Portanto, a acusação de Deus a Jó é que ele repreendeu a Deus sem conhecimento e anulou o juízo de Deus, alegando que Deus não o tratou com justiça.

Juízo Adiado

Há um princípio muito importante que Jó vai aprender no cadinho, mas ele ainda não o aprendeu: *às vezes, Deus adia o juízo a fim de promover Seus servos*. É a falta de compreensão de Jó neste princípio que o leva a acusar Deus de injustiça. É uma falha comum ainda hoje.

Com Deus, há um grande abismo entre "justiça negada" e "justiça adiada". Muitos acusam Deus de negar-lhes justiça, quando, na verdade, Ele estava adiando a justiça para testar seus corações. Muitos perdem o que poderia ter sido deles. Eles poderiam ter tido justiça após o adiamento, mas porque se tornaram amargos, sua justiça lhes foi negada.

Aqui está a justiça no cadinho de Jó: Deus pretende promover Jó a um lugar muito superior de intimidade e influência no reino. Mas se Ele der a Jó a promoção sem a poda, Jó se autodestruirá por causa do orgulho espiritual. É a aflição imerecida que acende a chama, e é a chama que salvará Jó de si mesmo. O adiamento da justiça é exatamente o que qualifica e prepara Jó para o lugar superior. Sem adiamento, sem promoção. Obter justiça imediata significa abrir mão da promoção. A espera é dolorosa, mas Deus em Sua justiça determinou que o valor da promoção supera a dor da espera.

Você não se torna um símbolo da cruz de Cristo e uma bênção para todas as gerações sem uma etiqueta de preço. Se você deseja uma herança maior, a etiqueta de preço vem com ela.

Jó estava sendo provado no princípio do Salmo 18.25, "Com o homem sincero Te mostrarás sincero". Jó era sincero, mas teve ampla oportunidade de duvidar dessa verdade. Parecia tão fácil culpar a Deus, especialmente quando Satanás estava acusando Deus para ele. Mas porque ele perseverou com amor na face de Deus, ele finalmente conseguiu ver como Deus era sincero em todas as Suas condutas para com ele. *Deus foi sincero nisso: Ele recompensou Jó no final com um lugar superior Nele que superou toda a dor do cadinho.*

É este princípio que Jesus está ilustrando na seguinte parábola:

"Contou-lhes também uma parábola acerca do dever de orar sempre e nunca desfalecer, dizendo: Havia numa cidade certo juiz, que nem a Deus temia nem respeitava o homem. Havia também naquela mesma cidade certa viúva, que sempre ia ter com ele, dizendo-lhe: Faze-me justiça contra meu adversário. Por algum tempo, ele recusou atender ao seu pedido; mas depois disse consigo mesmo: Conquanto eu não temo a Deus, nem respeito o homem, como esta viúva está me molestando, farei justiça a ela, para que, enfim, não torne mais a me importunar. O Senhor disse: Ouvi o que diz o injusto juiz. Porventura não fará Deus justiça aos Seus escolhidos, que clamam a Ele de dia e de noite, mesmo que pareça tardio em responder-lhes? Digo-vos que depressa lhes fará justiça. Mas, quando vier o Filho do Homem, porventura achará fé na Terra?" (Lucas 18.1-8).

Jesus está nos mostrando que, às vezes, Deus retarda em fazer justiça ao Seu povo. Ele tem um bom propósito para adiar, o qual eles geralmente não entendem. Mas em Sua misericórdia para com eles, "Ele parece tardio em responder-lhes" – sabendo que a espera renderá dividendos se eles perseverarem no amor. Quando a plenitude dos tempos chegar e o processo estiver completo, Jesus nos diz fervorosamente o que Deus fará: "Digo-vos que depressa lhes fará justiça". Quando Deus determinar que é hora do livramento se manifestar, Ele o executará "depressa"! Você pode ter que esperar muito tempo, mas tudo mudará em um instante!

A pergunta final de Jesus na passagem é perturbadora: "Mas, quando vier o Filho do Homem, porventura achará fé na Terra?" Fundamental para a preparação dos apóstolos e líderes do tempo do fim será a questão da justiça adiada. A verdadeira fé persevera a despeito da justiça adiada. Jesus está perguntando: "Quando Eu amadurecer Meus servos do tempo do fim com justiça adiada, voltarei para encontrá-los firmes na fé, esperando em Mim com expectativa, mesmo quando parece que a justiça os abandonou?" Oro para que a resposta seja sim.

Então, para resumir o maior pecado de Jó: ele acusou Deus erroneamente de negar-lhe justiça. Ele não entendeu que a justiça adiada de Deus foi o meio de Deus para a maior promoção. Mas porque Jó permaneceu persistentemente na face de Deus, Deus o conduziu à fé prevalecente, ao amor intensificado e à compreensão ampliada. Ó, isso é algo incrível!

11

Aceitando a Disciplina de Deus Com Um Espírito Aberto

Aqui está a premissa central deste capítulo: *quando você começa a ver o propósito do cadinho, pode aceitar os tratos de Deus com um espírito aberto.*

Um dos maiores desafios do cadinho de Jó, entretanto, é ver o propósito – o propósito divino. Deus tem um propósito para o seu vale e é absolutamente crucial que você o descubra.

O Propósito de Deus nos Sofrimentos de Jó

No Capítulo Três, ao descrever minhas "lentes hermenêuticas" para interpretar o livro de Jó, fiz esta declaração sobre os propósitos de Deus: *"O propósito da calamidade é glorificar a Deus mudando Jó e levando-o a uma herança espiritual superior".*

Há um propósito profundo no livro de Jó. Quando você se encontra no cadinho de Jó, é fundamental que você descubra o propósito. Você deve ver o cadinho de Jó como a maneira de Deus trazê-lo a dimensões mais elevadas de realização espiritual que você jamais imaginou ser possível.

O propósito dos sofrimentos de Jó é muito forte e convincente, mas se você não o vê, é deixado para o fatalismo. Por exemplo, Janice E. Catron[7], ao resumir sua compreensão de Jó, escreve o seguinte:

"Para muitos, o final é insatisfatório. O final trata Jó como se toda a sua tristeza por seus antigos filhos e servos desaparecesse magicamente com suas novas circunstâncias. Certamente, o final não responde à questão de por que coisas ruins acontecem a pessoas inocentes. Ainda nos perguntamos: por que Jó teve que sofrer tanto? Por que os filhos e os servos tiveram que morrer? E a justiça para eles? Como pode um 'bom' Deus permitir (ou causar) essas coisas?"[8]

Quando você entende o livro de Jó, deseja gritar para esse tipo de comentarista: "NÃO!! Você não entendeu!" Não tenho dúvidas de por que Jó teve que sofrer tanto. *Deus o promoveu à posição de pai espiritual para todos os santos de todas as gerações que caminharam pelos vales do fogo refinador de Deus.* A excelência dessa herança só poderia ser comprada por um grande preço pessoal, assim como a excelência da herança de Cristo foi comprada pelo maior preço pessoal. Até mesmo a tomada dos primeiros filhos de Jó estava dentro da misericórdia de Deus, pois é possível que Ele os tenha salvado de uma apostasia maior.

Estou empenhado em declarar neste livro que há um propósito profundo nos sofrimentos de Jó e respostas estimulantes para aqueles que compartilham dos mesmos fogos.

Por meio da graça de Deus, acredito que é possível revelar o propósito de *todas* as tragédias da vida. Essa é uma afirmação ousada porque nosso mundo está transbordando de sofrimento aparentemente sem sentido. Milhões de pessoas estão morrendo prematuramente sem motivo aparente de redenção. Mas eu acredito que quando trazemos o quebrantamento de nossas vidas a Cristo e submetemos o sofrimento sem sentido de nossas vidas à Sua mão redentora, Ele tem o poder de imbuir cada tragédia com propósito divino.

Às vezes, quando vamos a Cristo com nossas calamidades, Ele milagrosamente transforma nossas tragédias em triunfo com praticamente nenhum esforço de nossa parte além de um simples exercício de fé. Em

---

7 NT: A reverenda Janice Catron é pastora da Igreja Presbiteriana John Knox em Louisville, KY.
8 Catron, Janice E., "Jó: A Fé Permanece Quando a Compreensão Falha", Revista HORIZONS, Volume 10, Número 3.

outros casos, Ele deseja que nossa dor nos lance em uma intensa busca espiritual até que possamos descobrir o propósito divino na calamidade. Essa busca fervorosa por Deus produzirá mais frutos em sua vida do que se você tivesse recebido alívio instantâneo.

O evangelho internacional de Jesus Cristo declara que Ele tem um propósito para sua vida, independentemente do seu quebrantamento. Esta verdade é encontrada em Romanos 8.28: "Sabemos que todas as coisas contribuem conjuntamente para o bem daqueles que amam a Deus, daqueles que são chamados por Seu decreto". Deus é capaz de trabalhar seus maiores sofrimentos para o bem Dele, contanto que você fixe seu amor sobre Ele. Você verá suas circunstâncias à luz "de Seu decreto" – o qual, você deve ter notado, geralmente é muito diferente do nosso decreto.

Uma das maiores ilustrações bíblicas dessa verdade é encontrada em João 9, que é o relato de Jesus curando o cego de nascença. Os discípulos perguntaram a Jesus: "Rabi, quem pecou, este ou seus pais, para que nascesse cego?" (João 9.2). Os discípulos de Jesus estão refletindo a teologia dos três amigos de Jó, que procuravam uma causa pecaminosa para os sofrimentos de Jó.

Quando os discípulos perguntaram por que esse homem parecia estar sofrendo tão sem sentido, Jesus trouxe um propósito para a tragédia. Ele lhes disse: "Nem ele pecou nem seus pais, mas isto aconteceu para que se manifestem nele as obras de Deus" (João 9.3). Ainda hoje, continua a ser a obra de Deus trazer um propósito para os infortúnios sem propósito deste mundo cheio de dor.

Quando você começa a ver o propósito de Deus em sua dor (um processo que geralmente leva meses e até anos), então seu espírito começa a se abrir para o Pai e a luz do seu semblante começa a brilhar. A excitação começa a crescer dentro de você à medida que você percebe que Aquele que começou esta boa obra em você vai completá-la!

O Que É "Um Espírito Aberto"?

A expressão "um espírito aberto" não é encontrada na Bíblia, mas o conceito é substanciado escrituristicamente. Quando nos relacionamos com outra pessoa, nos relacionamos com essa pessoa com um espírito aberto ou fechado. Um espírito aberto aceita a outra pessoa livremente, mesmo que o relacionamento seja difícil; um espírito fechado se protege da outra pessoa e se relaciona com a outra pessoa com certa distância resguardada ou suspeita.

Jesus descreveu um espírito fechado no relacionamento conjugal quando disse: "Moisés, por causa da dureza do vosso coração, vos permitiu repudiar vossa mulher; mas no princípio não era assim" (Mateus 19.8). Dureza de coração dentro do casamento é a mesma coisa que um espírito fechado. Se sua esposa algum dia fechar o espírito para você, senhor, você está em apuros. Isso significa que ela endureceu o coração por causa da dinâmica do relacionamento, e agora será muito difícil penetrar em suas defesas e ser realmente ouvido. Em vez de ouvir seu coração, ela ouvirá tudo o que você diz através das lentes cansadas de suas suspeitas.

Quando um ou ambos os cônjuges têm um espírito fechado, nada pode ser feito para ajudar o relacionamento até que a dureza desapareça e o casal mais uma vez se relacione com o espírito aberto.

Aqui está outro exemplo de espírito aberto: como as crianças se relacionam com seus pais no processo de disciplina. Quando Paulo ensinou sobre disciplina infantil, ele exortou os pais: "Vós, pais, não provoqueis vossos filhos à ira, mas criai-os na doutrina e admoestação do Senhor" (Efésios 6.4). Um pai pode estar certo em trazer a correção, mas se o fizer de forma severa, ele pode se sentir justificado sobre a disciplina que está aplicando, mas acaba provocando seu filho – e a criança pode fechar o seu espírito para seu pai. É vital, ao disciplinarmos nossos filhos, que protejamos esse relacionamento de "espírito aberto" com eles. Se os sentirmos se fechando para nós, devemos parar e gentilmente forçá-los a abrir.

A história de Jonas ilustra que é possível obedecer por fora e ser fechado por dentro. Jonas acabou indo para Nínive, mas foi com o espírito fechado – o que acabou manifestado em sua raiva contra Deus (Jonas 4). Alguns pais foram enganados pelo comportamento exteriormente submisso de um filho submisso, apenas para descobrir mais tarde que o espírito da criança havia se fechado para eles. Crianças de temperamento forte fecharão seus espíritos a você muito rapidamente, mas muitas vezes se abrirão de volta com a mesma rapidez!

Um dos maiores desafios da paternidade é aprender a conduzir seus filhos no caminho da piedade, mantendo o espírito aberto para você. Da mesma forma, *o objetivo de Deus ao nos disciplinar é nos corrigir enquanto gentilmente nos desafia a mantermos nosso espírito aberto a Ele.*

Um Espírito Fechado

Quando Deus disciplina, nós instintivamente recuamos e nos afastamos. Se Ele nos corrigir muito fortemente, vamos até mesmo nos encolher emocionalmente em posição fetal. Quando estamos cheios desse tipo de dor, nossos instintos de autopreservação entram em ação porque sentimos que estamos com sobrecarga de informações. "Muito mais disso, Deus, e Tu vais me matar!" E, no entanto, em meio à crise, o Senhor nos assegura continuamente de Seu amoroso afeto.

Quando Deus disciplina duramente, você fechará o seu espírito. Mesmo que você se sinta espiritualmente à altura do desafio, quando a disciplina realmente vier, ela pode tirar seu fôlego com sua inesperada rapidez e severidade. Isso faz parte do processo dos períodos mais agressivos da disciplina de Deus.

Existem duas maneiras pelas quais as pessoas fecham seus espíritos quando Deus disciplina duramente. *Alguns fecham seu espírito e realmente se afastam de Deus; outros fecham seu espírito enquanto continuam a servir a Deus.* Os primeiros se associam ao enganador em acusar a Deus, e eles acabam abortando e perdendo a herança maior que Deus planejou para eles. Os últimos ainda amam a Deus, mas se privam do brilho de Seu semblante e nunca revelam totalmente seus rostos em Sua presença por medo do que pode vir a seguir. Jó estava nesta posição quando escreveu: **"Por isso, me perturbo perante Ele; e, quando o considero, sinto medo Dele"** (23.15).

O livro de Jó narra o desenrolar da jornada de um homem que foi severamente disciplinado por Deus, fechou seu espírito firmemente a Deus e, então, lentamente começou a se abrir novamente para o Senhor enquanto começava a caminhar pelo vale da sombra da morte. (A frase "sombra da morte" ocorre nove vezes no livro de Jó, então não há dúvidas de que Davi pegou essa frase emprestada da vida de Jó quando a usou no mais amado Salmo. Veja o Salmo 23.4).

Inicialmente, Jó fecha seu espírito com força, ele se encolhe em uma bola de dor e amaldiçoa o dia de seu nascimento (capítulo 3). Nos primeiros capítulos, ele está claramente mantendo um certo grau de afastamento de Deus. **"Se pequei, que mal Te fiz, ó Guarda dos homens? Por que fizeste de mim um alvo para Ti, para que me tornasse pesado para mim mesmo?"** (7.20). Em vez de criticar Jó, devemos considerá-lo transparentemente honesto com seus pensamentos e sentimentos.

No início, Jó não consegue ver que Deus tem um propósito amoroso em suas calamidades. Ele não percebe que está sofrendo por causa do gozo de Deus nele. Mas, lentamente, com o tempo, Deus começa a revelar um propósito para Jó. Assim, à medida que o livro avança, vemos o espírito de Jó começando a se abrir mais e mais para o Seu Deus. É a revelação do propósito que permite a Jó abrir lentamente seu espírito novamente para Deus. Siga a progressão comigo através dos nove discursos de Jó.

1. O primeiro discurso de Jó é um grito enorme de dor interminável (capítulo 3).

Quando disciplinado pela primeira vez, seu espírito se fecha e ele clama: **"Por que se dá luz ao miserável, e vida aos amargosos de ânimo, que esperam a morte, e ela não vem?"** (3.20-21) O primeiro discurso de Jó é um grito enorme de dor interminável.

2. Em seu segundo discurso, Jó está tentando se proteger do olhar penetrante de Deus, porque está aterrorizado com Deus agora.

Jó profere apenas tristeza e angústia. Ele se relaciona com Deus de forma muito defensiva e autoprotetora, o que é evidência de um espírito fechado. Veja como Jó expressa isso:

> "Que é o homem, para que tanto o estimes, ponhas sobre ele o Teu coração, cada manhã o visites e o proves a cada momento? Até quando não apartarás de mim os Teus olhos? Quando me deixarás, para que eu tenha tempo de engolir a saliva? Se pequei, que mal Te fiz, ó Guarda dos homens? Por que fizeste de mim um alvo para Ti, para que me tornasse pesado para mim mesmo? Por que não perdoas a minha transgressão, não tiras a minha iniqui-

dade? Porque agora me deitarei no pó, de madrugada me buscarás, e não estarei lá" (7.17-21).

Deus parece estar agindo mais como um inimigo do que como um amigo.

3. O teor de Jó muda perceptivelmente em seu terceiro discurso (capítulos 9 a 10).

Ele começa dizendo: "**Ele é sábio de coração, poderoso em forças; quem se endureceu contra Ele e teve paz?**" Este é o primeiro momento após sua doença que Jó exalta o Senhor, engrandecendo a Deus por Sua sabedoria e força. E embora Jó tenha fechado seu espírito para Deus, ele reconhece que não pode endurecer o coração para com o Senhor e prosperar; portanto, está comprometido com o processo de abrir novamente seu espírito a Deus. Assim, em Jó 9.4-10, ele glorifica a Deus por Seu poder e autoridade insuperáveis. Em seguida, ele continua sua queixa, percebendo que, na melhor das hipóteses, ainda está cheio de desgraça diante de Deus e precisa de Sua misericórdia (ver Jó 9.15, 21; 10.15).

4. Em seu quarto discurso, o espírito de Jó está obviamente se abrindo para Deus cada vez mais, conforme ele começa a ver um propósito em seu cadinho (capítulos 12-14).

Jó exalta amplamente a sabedoria soberana de Deus. Em seguida, ele dá o que provavelmente é sua declaração mais citada: "**Mesmo que me mate, Nele esperarei! Contudo, meus caminhos defenderei diante Dele**" (13.15). O espírito de Jó está se abrindo para Deus a ponto de expressar sua total confiança em Deus, mesmo que Ele o mate.

Ele segue imediatamente com a primeira indicação de que acredita que Deus o salvará de sua calamidade: "**Também isto será a minha salvação, porque o ímpio não virá perante Ele**" (13.16). Além disso, ele acrescenta: "**Todos os dias de meu combate esperaria até que viesse minha mudança**" (14.14). Essas são as primeiras indicações de que Jó está começando a ver um *propósito* em seu cadinho. Ele está começando a perceber que Deus pretende libertá-lo no final, e essa esperança o capacita a abrir seu espírito cada vez mais às mãos de Deus sobre sua vida.

Entretanto, o processo não está completo em seu coração, pois ele ainda pede que Deus retire Sua mão dele (13.21) e desvie o olhar dele (14.6). Essas vacilações emocionais e mentais são maneiras típicas dos humanos reagirem ao processo em sua fraqueza.

5. No discurso seguinte, Jó expressa sua exasperação com seus amigos, que se recusam a cessar seus ataques impiedosos (capítulos 16-17).

Ele descreve muitas dinâmicas de sua dor e expressa sua angústia pela compreensão obscurecida de seus amigos.

6. Jó, em seu sexto discurso, está crescendo em sua percepção de que Deus pretende não apenas salvá-lo de sua aflição, mas também transformá-lo por meio de uma revelação revolucionária de Si mesmo (capítulo 19).

Jó articula sua dor descrevendo as muitas maneiras pelas quais Deus o afligiu e devastou, mas então seu discurso dá uma guinada dramática quando ele termina o capítulo com a declaração profética mais profunda de todo o livro: **"Porque eu sei que meu Redentor vive e que, por fim, Se levantará sobre a Terra. Depois de consumida a minha pele, ainda em minha carne verei a Deus. Eu O verei por mim mesmo, e meus olhos, e não outros, O contemplarão. Por isso, os meus rins se consomem dentro de mim!"** (19.25-27). Jó está trabalhando com uma forte unção profética bem aqui. Ele está percebendo em seu espírito que Deus pretende dar a ele uma magnífica revelação de Si mesmo, e percebe que esta revelação de Deus virá a ele nesta vida – **"em minha carne verei a Deus"**. Essa crescente clareza do *propósito* de Deus está dando a Jó um grande anseio de coração; é esperança crescente e a capacidade de abrir seu espírito cada vez mais a Deus.

7. Jó declara que o juízo de Deus aguarda os ímpios (capítulo 21).

Jó refuta a alegação de seus amigos de que uma calamidade maligna sobrevém aos ímpios. Ele filosofa sobre como os ímpios muitas vezes prosperam até o dia de sua morte, mas então declara que o juízo de Deus os aguarda após a morte.

Jó diz o seguinte a respeito dos ímpios: **"E a vara de Deus não está sobre eles"** (21.9). Jó aponta para a maneira como os ímpios muitas vezes parecem prosperar, sem nenhuma das disciplinas de Deus corrigindo seu curso de vida. Esta palavra é verdadeira. Deus não disciplina os ímpios. Sua disciplina é uma expressão de Seu amor e é reservada para Seus filhos (Hebreus 12.5-11).

8. O processo continua, mas não está completo no oitavo discurso de Jó porque seu espírito ainda está um tanto fechado para Deus (capítulos 23-24).

Jó lamenta a perda de sua ciência da presença de Deus. Ele não consegue encontrar Deus. E é aqui que ele faz outra de suas maiores declarações: **"Mas Ele conhece meu caminho; prove-me, e sairei como o ouro"** (23.10). Mais uma vez, Jó está vendo *propósito* no cadinho, reconhecendo que Deus está usando essa calamidade para purificá-lo como ouro. Ele está descrevendo o duplo propósito: mudança de caráter (**"como ouro"**) e manifestação de poder de libertação (**"E sairei"**).

Compreender isso não diminui a dor, mas lhe dá significado. Mesmo assim, Jó ainda tem medo da mão de Deus em sua vida: **"Por isso, me perturbo perante Ele; e, quando o considero, sinto medo Dele. Porque Deus macerou o meu coração, e o Todo-poderoso me perturbou"** (23.15-16). O terror de Jó a Deus é uma mistura de medo saudável e medo desequilibrado. Ele possui um temor saudável da grandiosidade e do poder de Deus, mas ainda tem medo da mão e das condutas de Deus em sua vida.

9. O discurso final de Jó é totalmente glorioso, mostrando um coração que está se abrindo cada vez mais para Deus (capítulos 26-31).

Deste ponto em diante, os amigos de Jó não têm mais nada a dizer. Com seus amigos reduzidos ao silêncio, Jó lança um monólogo de 6 capítulos que concluirá suas declarações. No capítulo 26, ele exalta a magnificência de Deus; no capítulo 27, ele retrata a deserção final dos ímpios. No capítulo 28, ele declara eloquentemente que a sabedoria não pode ser encontrada ou descoberta por iniciativa do homem; a sabedoria é concedida por iniciativa de Deus, e Jó está implicitamente sugerindo que seu cadinho foi criado por Deus para ensinar-lhe sabedoria. Depois que José passou por esse mesmo cadinho, ele saiu com uma sabedoria intensificada que o habilitou a *"instruir seus anciãos"* (Salmo 105.22). Jó percebe que um dos *propósitos* de Deus na prisão é ensinar sabedoria ao Seu servo – uma realidade que sustentou José nas trevas de sua própria prisão (pois José certamente conhecia a história de Jó).

Jó termina o capítulo 28 com uma das declarações mais brilhantes de todo o livro, uma verdade que acabará sendo citada repetidamente em outras partes das Escrituras: **"Eis que o temor do Senhor é a sabedoria, e apartar-se do mal é a inteligência"** (28.28). No capítulo 29, Jó lamenta pela bênção e o respeito que outrora desfrutava. Em contraste, o capítulo 30 descreve sua condição lamentável e humilhação atuais. Jó termina seu monólogo (capítulo 31) com uma descrição absolutamente gloriosa de como é a piedade genuína, mantendo sua integridade até o fim (insistindo que sua calamidade não foi um castigo pelo pecado em sua vida).

Aqui está o meu ponto: ao longo de sua peregrinação de sofrimento, Jó cresce na compreensão contínua dos propósitos de Deus no cadinho, e quanto mais ele entende o propósito, mais facilmente pode aceitar a mão de Deus em sua vida. Mas ele nunca está livre para abrir totalmente seu espírito a Deus até que o próprio Deus o visite nos capítulos 38-41. É a revelação de Deus que finalmente abre o coração de Jó completamente para os propósitos soberanos de Deus em sua vida.

Jó superou sua crise com sucesso levantando constantemente seu rosto para Deus. Enquanto seus amigos falavam sobre Deus, ele falava com Deus. *Mesmo quando sua atitude era carnal e suas palavras eram imprudentes, Jó fez uma coisa certa: ele se manteve na face de Deus.* Essa foi a chave que permitiu a Deus levar Jó a uma compreensão cada vez maior do propósito.

A Escritura nos compara a um lírio (Cântico de Salomão 2.2). Uma das qualidades de um lírio é que ele se abre na luz e fecha suas pétalas na escuridão. Quando atingimos a escuridão pela primeira vez, naturalmente nos fechamos. Mas, como um lírio, quando nos sujeitamos à luz de Sua presença, instintivamente começaremos a abrir nosso espírito para

Ele. Jó se recusou a se afastar da luz do semblante de Deus e, eventualmente, Deus o trouxe a um lugar de completa abertura para Si mesmo.

Quando nos comprometemos a amar a Deus com uma determinação persistente em meio à nossa dor, Ele trabalhará todos os elementos de nossas circunstâncias dolorosas para o bem – porque O amamos (Romanos 8.28, "Sabemos que todas as coisas contribuem conjuntamente para o bem daqueles que amam a Deus, daqueles que são chamados por Seu decreto"). O Salmo 91.14 testifica isso adiante: "Porque tão encarecidamente Me amou, também o livrarei".

Mesmo que possamos recuar e estremecer diante de Deus quando a dor de Sua vara está novamente sobre nós, se perseverarmos em Sua face, Ele nos conduzirá à abertura do amor revelado (2 Coríntios 3.18). Nosso objetivo é o abandono absoluto de nosso amado Senhor Jesus Cristo que, no momento em que Deus O estava literalmente matando, não reteve nenhuma parte de Seu espírito de Seu Pai, mas, em vez disso, orou: "Pai, em Tuas mãos entrego o Meu espírito". Jesus morreu com um espírito totalmente aberto.

Paulo descobriu algo desse segredo, pois escreveu: "*Pelo que sinto prazer nas fraquezas,* nas injúrias, nas necessidades, nas perseguições e nas angústias, por amor de Cristo. Porque, quando sou fraco, então sou forte" (2 Coríntios 12.10). *Uma coisa é perseverar na tribulação, outra é "ter prazer" na tribulação! Isso é chamado de aceitar a disciplina de Deus com um espírito aberto.* Paulo não atingiu essa abertura durante a noite, mas à medida que Deus revelava um propósito para ele, foi lentamente capaz de abrir seu espírito para Deus no meio do cadinho.

Amor Perfeito

A Bíblia usa outro termo para descrever um espírito aberto: "amor perfeito". O amor perfeito é o tipo de amor que é capaz de aceitar a mão de Deus em nossa vida, independentemente de Sua severidade, sem nos afastar Dele ou fechar, ao mínimo, nosso espírito. O amor perfeito percebe que qualquer coisa vinda da mão de Deus é para o nosso melhor, e vem a nós no amor eterno de nosso Pai, que é absolutamente "obcecado" por nós! Portanto, se Ele dá, posso aceitar com um espírito aberto. Uma vez que alcançamos essa condição, alcançamos o amor perfeito.

"Nisto o amor é aperfeiçoado para conosco, para que no dia do juízo tenhamos confiança; porque qual Ele é, somos nós também neste mundo. No amor não há temor; antes, o perfeito amor lança fora o medo; porque o medo tem consigo a pena, e o que tem medo não está aperfeiçoado no amor" (1 João 4.17-18).

O que João está dizendo é que aquele que teme a disciplina de Deus em sua vida ainda não é perfeito no amor. Já ouvi cristãos dizerem coisas como: "Não peça paciência a Deus – tudo desmoronou na minha vida quando pedi paciência". Ou podem dizer: "Aprendi a não pedir a Deus mais semelhança a Cristo". Esses tipos de declarações estão vendo as disciplinas de Deus por meio de um espírito fechado. Este não é um amor perfeito.

Peça. Peça grandemente. Peça o máximo. Ore orações perigosas! Vá em busca do ouro.

Ouço Deus dizer a Jó: "Jó, estou Me esforçando para fazer algo muito extraordinário em sua vida. Se você cooperar Comigo, Eu o colocarei em um lugar totalmente novo e amplo em Mim. Mas, para chegar lá, você terá a honra de se identificar com os sofrimentos do Meu Filho da maneira mais singular. Estou convidando você a compartilhar a cruz com Meu Filho. Estou dando a você a oportunidade de descobrir o que é o amor excessivo. Estou abrindo Meu Espírito para você, agora abra o seu para Mim!"

Quando Jó viu o propósito do Pai no cadinho, seu espírito lentamente se abriu para Deus cada vez mais, e seu amor se tornou cada vez mais perfeito. Esse amor aperfeiçoado torna-se, assim, a maior busca de todos os santos – "para que Cristo habite, pela fé, no vosso coração, a fim de que, estando arraigados e fundados em amor, possais perfeitamente compreender, com todos os santos, a largura, o comprimento, a altura e a profundidade, e conhecer o amor de Cristo, que excede todo o entendimento, para que sejais tomados de toda a plenitude de Deus" (Efésios 3.17-19).

12

Sagrado Desespero

"Porventura buscareis palavras para me repreenderdes, visto que as razões do desesperado são como o vento? Mas, antes, lançais sortes sobre o órfão e especulais com o vosso amigo" (6.26-27).

Aqui Jó se autodenomina "um desesperado". Jó foi reduzido a um lugar de sagrado desespero – uma condição que desejo descrever neste capítulo.

Não faz muito tempo, li um artigo de uma revista escrito por um missionário americano que havia visitado Mathare, em Nairóbi. Mathare é uma cidade dentro da cidade de Nairóbi, Quênia; é uma favela. Aproximadamente 180.000 pessoas vivem em Mathare em extrema pobreza. Nairóbi tem 60.000 crianças de rua, e muitas delas são de Mathare.

Quando o missionário (Randy Hurst) escreveu sobre seu primeiro encontro com as crianças de Mathare, ele disse que o que o impressionou imediatamente foi seu "olhar desesperado". Essas crianças, vivendo em uma realidade de subsistência, estavam desesperadas – por comida. Esse missionário branco representou para elas uma possível fonte de dinheiro ou comida.

Randy ficou tão emocionado com as necessidades dessas crianças que desejou se mudar para Mathare e ministrar a elas. Seu hospedeiro, no entanto, o advertiu estritamente para ficar dentro dos limites do recinto. "Essas pessoas estão desesperadas", disse ele, e como resultado o crime é desenfreado. É o desespero da fome.

Um Clamor Por Mais

Talvez você tenha orado: "Senhor, faça-me faminto de Ti", ou talvez você até tenha pedido a Deus para fazê-lo desesperado por Ele. Eu acredito que essas são coisas boas para se pedir, mas raramente estamos preparados para como Deus responde a elas.

Todos nós instintivamente colecionamos confortos ao nosso redor para tornar nossas vidas o mais livre de estresse e dor possível. Isso é normal e não necessariamente errado. No entanto, alguns de nós ficamos tão confortáveis com as coisas boas desta vida que não sentimos uma necessidade urgente da ajuda e intervenção de Deus. Frequentemente, é necessário um ato soberano de Deus para tirar debaixo de nós os apoios que nos mantêm confortáveis. Oramos: "Senhor, deixa-me desesperado por Ti", mas então quando Ele remove nosso sistema de apoio, dizemos: "Não era a isso que eu me referia, Senhor!"

Deus sabe como nos deixar desesperados por Ele. Ele sabe como colocar um clamor no fundo de nossas almas. Ele põe o clamor ali com a intenção de atendê-lo. Talvez ninguém na Bíblia ilustre melhor essa verdade do que Ana.

Elcana tinha duas esposas, Ana e Penina. Penina teve filhos, mas Deus havia fechado o ventre de Ana. E porque Elcana amava mais a Ana, Penina mostrou seu ódio por Ana, hostilizando-a por sua esterilidade. Ana não conseguia entender por que Deus aparentemente a amaldiçoou com a falta de filhos, e ela chorava muitas vezes de tristeza absoluta. Finalmente, Ana ficou tão desesperada por um bebê que proferiu uma prece absolutamente louca. Ela disse: "Deus, se Tu me deres um filho, eu vou devolvê-lo a Ti!" Nenhuma mãe em sã consciência desistiria do filho que tanto anseia criar, mas Ana foi levada a tal ponto de desespero por Deus que estava disposta a devolver o filho a Ele.

Deus disse: "Essa é a oração que Eu estava esperando!" Quando Ana ficou tão desesperada, Deus abriu seu ventre e ela deu à luz o poderoso profeta Samuel. Deus precisava de um Samuel, e para obter Seu Samuel,

Ele fez uma mulher desesperada por causa da esterilidade. Às vezes não entendemos por que nossa fecundidade parece ter sido cortada, mas *Deus trará esterilidade espiritual a fim de produzir o tipo de desespero que nos tornará totalmente disponíveis para Seus propósitos.*

Bem-aventurados os famintos; bem-aventurados os desesperados.

Sua fome determina o quão severamente você busca a Deus. "O trabalhador trabalha para si mesmo, porque sua boca o insta" (Provérbios 16.26). Existem níveis de fome e níveis de desespero. Algumas pessoas pensam que estão desesperadas por Deus, mas na verdade estão muito felizes com a maioria das coisas em suas vidas. *Quando Deus lhe deixa absolutamente desesperado por Ele, Ele vira sua vida totalmente de cabeça para baixo.*

Jó Foi Deixado Em Desespero

Assim como Deus deixou Ana desesperada, Ele também deixou Jó em desespero. **"Porventura buscareis palavras para me repreenderdes, visto que as razões do desesperado são como o vento?"** (6.26).

Quando Deus lhe deixa desesperado por Ele, todas as regras mudam. Sua vida está totalmente fora de seu controle; você tem valores radicalmente diferentes; você não se importa com o que os outros pensam de você; você se torna extremamente focado em seu objetivo; os relacionamentos têm um papel secundário em sua única busca; você correrá grandes riscos porque não tem nada a perder; se alguém tentar impedi-lo, você irá atropelá-lo. Você está desesperado.

Os amigos de Jó não sabem o que fazer com este homem desesperado. Ele está diferente e eles não entendem as mudanças. Ele não se parece em nada com o Jó que conheciam. Eles estão dizendo um ao outro: "Não podemos falar com o cara; não podemos argumentar com ele; ele não concordará em nada conosco. O que há de errado com ele? Ele acha que estamos todos errados e ele está certo?" Portanto, eles não têm ideia do que fazer com este homem que já foi seu amigo, mas que agora parece estar vivendo em outro planeta. Eles não entendem completamente que seu amigo agora é um homem desesperado.

Acredite em mim: *quando você é lançado em uma busca desesperada por Deus, todos os seus relacionamentos mudam.*

Graça Para A Nação

Um irmão em Cristo uma vez me disse: "Eu quero perseguir Jesus com esse tipo de desespero, mas simplesmente não o faço. Não consigo fazer isso por minha própria iniciativa. Eu sempre escolho o caminho preguiçoso, e então me deprimo por ser tão passivo em minha busca por Cristo. O que posso fazer sobre isso?"

É minha opinião que praticamente todos nós gravitamos em direção a uma busca mais relaxada por Deus quando tudo está indo bem em nossas vidas. Para acessar esse tipo de desespero, é necessário um ato de graça. Não temos os recursos inerentes para tocá-lo por conta própria. Nós precisamos de ajuda.

Defini graça como "Deus alcançando o homem". Graça é Deus tomando a iniciativa necessária para atrair o homem a Si mesmo. É a graça e somente a graça que faz o homem levantar um clamor desesperado a Deus, e então é a graça que capacita o homem a reagir e se apegar a Deus. *Em outras palavras, nossa chegada às coisas superiores de Deus é totalmente iniciativa Dele.* Tudo o que podemos fazer é expressar nossa necessidade e clamar a Ele por ajuda. Como Ele responde a esse clamor é tudo pela graça.

Pelo Que Jó Estava Desesperado?

Eu fiz a pergunta: "Pelo que Jó estava desesperado?" Bem, para começar, ele estava desesperado para ser curado. Quando Jó descreveu sua doença, ela não era simplesmente algo que o deixava desconfortável; era literalmente uma ameaça à vida.

Se você já conheceu uma doença fatal, entende o desespero que diz: "Eu *tenho* que ficar bom!" É por isso que muitas pessoas percorrem distâncias incríveis para visitar um médico que acham que pode ajudá-las.

Jó perseguiu a Deus intensamente porque estava desesperado para ser curado. Mas ele estava desesperado por mais do que isso. Uma mera cura não satisfaria Jó. Jó estava muito envolvido nisso para ser tranquilizado apenas com uma cura física. Ele havia perdido seus dez filhos! Uma cura física não responderia a essa perda.

Jó estava desesperado por algo muito superior; ele estava desesperado por uma revelação de Deus! Deus tinha vindo a ele como "o Deus que frita seus circuitos teológicos", e agora tudo que Jó havia pensado sobre Deus é colocado em dúvida. Jó estava dizendo: "Quem és Tu, afinal?? Eu acho que nem Te conheço. Mostra-me a Tua glória; Eu tenho que ver quem Tu realmente és!"

Conforme Jó perseverou no cadinho, ele começou a perceber algo por meio do discernimento profético. *Ele percebeu que Deus o havia afligido com a intenção específica de Se revelar a ele.* Jó anuncia essa afirmação confiante no que talvez seja a declaração profética mais dramática de todo o livro: **"Depois de consumida a minha pele, ainda em minha carne verei a Deus. Eu O verei por mim mesmo, e meus olhos, e não outros, O contemplarão. Por isso, os meus rins se consomem dentro de mim!"** (19.26-27).

Jó está dizendo: "Deus não me trouxe ao vale para me deixar lá. Ele me trouxe para o vale para me conduzir até à montanha. Deus me mostrou que chegará o dia em que O verei no monte – e esse dia virá antes de eu morrer, enquanto ainda estou na minha carne". Imagine a emoção e a expectativa com que ele acrescentou: **"Por isso, os meus rins se consomem dentro de mim!"** Jó sabia que Ele estava liderando uma poderosa revelação de Deus, e mal podia esperar por isso!

Acontece que Jó estava certo. Deus de fato veio no capítulo 38 e Se revelou a Jó. Se você se encontrar no cadinho de Jó, ouça o seguinte: Ele também irá visitá-lo!

Os quatro capítulos em que Deus falou a Jó (capítulos 38-41) são mais do que simplesmente uma série de perguntas ditadas a Jó inutilmente. Havia mais coisas acontecendo com Jó do que simplesmente a transferência de informações. Jó estava na presença imediata do próprio Deus, e esse encontro com Deus o abalou nas profundezas de seu ser. Jó ansiava por este momento, mas quando finalmente chegou, ele ficou totalmente encantado com a majestade, o esplendor, a beleza e o poder que impressionaram seus sentidos.

Com cada pergunta que Ele fez a Jó, Deus não estava apenas silenciando as perguntas de Jó, Ele estava Se revelando em toda a Sua soberania onipotente. A alma de Jó se afligiu desesperadamente por este momento, e ele finalmente havia chegado!

13

Buscando Fervorosamente

O propósito de Deus em lhe deixar desesperado por Ele é para que você possa buscá-Lo com mais fervor do que em toda a sua vida. É a busca acalorada de Deus que nos muda. "Vós Me buscareis e Me achareis, quando Me buscardes de todo o vosso coração" (Jeremias 29.13).

Esta é a aparência desse tipo de busca desesperada:

- Você se afasta da satisfação de relacionamentos sociais com outras pessoas e é levado ao lugar secreto da solidão com Deus, onde você busca a Sua face. **"Assentado no meio da cinza, Jó pegou um caco para se raspar"** (2.8). *(Ninguém recorre às cinzas da solidão com Deus por sua própria vontade, eles são levados para lá em desespero).*
- Você devora a Bíblia como alimento para um moribundo. Você pesquisa as Escrituras de capa a capa, vasculhando freneticamente as páginas e escavando cada versículo em busca do maná vital. (As Escrituras se tornam maná para nós quando o Espírito Santo vivifica os escritos sagrados em nosso coração por meio de Seu poder incrível). Esses pequenos fragmentos de maná soprado por Deus tornam-se sua sobrevivência e fonte de sanidade.
- Você gasta uma grande quantidade de tempo olhando para Deus, esperando Nele em oração e contemplação vigilante. "Eis que,

como os olhos dos servos atentam para as mãos dos seus senhores, e os olhos da serva, para as mãos da sua senhora, assim nossos olhos atentam para o SENHOR, nosso Deus, até que tenha piedade de nós" (Salmo 123.2). Você acredita que se expor à Sua presença ardente trará a mudança que tanto deseja. Os amigos de Jó **"ficaram sentados junto com ele no chão durante sete dias e sete noites; nenhum deles lhe dizia palavra alguma"** (2.13). Eles se juntaram a Jó em sete dias de olhar fixo em silêncio, mas para Jó este era um compromisso de longo prazo.

- Disciplinas espirituais como jejum, solidão e abnegação são usadas com gratidão como os dons que Deus intencionou que fossem veículos que nos capacitam a intensificar nossa busca por Cristo. Referindo-se ao jejum, Jó disse: **"Do preceito de Seus lábios nunca me apartei, e as palavras da Sua boca prezei mais do que meu alimento"** (23.12).

Poucos foram levados a esse desespero e, portanto, poucos conheceram o poder transformador de vidas desse tipo de busca por Deus.

A Grande Tensão Teológica

Jó articula uma grande tensão teológica que é de importância crítica para manter uma busca impetuosa por Deus. A teologia dita o comportamento. O que você acredita nesta tensão teológica determinará se você busca a Deus fervorosamente para a satisfação desejada, ou se você desiste prematuramente e aborta os propósitos de Deus no cadinho.

Aqui está a tensão articulada:

"Porque eu sei que meu Redentor vive e que, por fim, Se levantará sobre a Terra. Depois de consumida a minha pele, ainda em minha carne verei a Deus. Eu O verei por mim mesmo, e meus olhos, e não outros, O contemplarão. Por isso, os meus rins se consomem dentro de mim!" (19.25-27).

Por um lado, Jó sabia que seu Redentor finalmente permaneceria na Terra. Esta é uma referência ao último dia em que a história humana é consumada e Cristo permanece na Terra como o Rei, Noivo e Juiz vitorioso. Naquele dia, todo erro será corrigido; cada coisa quebrada será consertada; cada lágrima será seca; toda imperfeição será transformada em perfeição. Cada um de nós anseia por aquele Grande Dia quando todos os sonhos despedaçados desta ordem imperfeita serão substituídos pela gloriosa restauração de todas as coisas e pelo aparecimento dos filhos de Deus. Ó, vem, Senhor Jesus!

Por outro lado, Jó estava anunciando que teria um encontro marcante com Deus em sua carne, nesta vida.

A maioria de nós tem lutado com esta pergunta: "Devo lutar para que a salvação de Deus chegue a esta situação particular aqui e agora, ou devo esperar pacientemente pelo tempo em que tudo será restaurado na volta de Cristo?" Sua teologia neste ponto é vitalmente crucial. Deixe-me explicar isso apontando para dois extremos teológicos que são igualmente mortais:

A Natureza Mortal da Teologia de Microondas

A "Teologia de Microondas" diz que é a vontade de Deus curar, libertar, fornecer e restaurar – *agora*. Quando alguém com a teologia de microondas ora por você, eles estão esperando que você seja curado imediatamente. E se você não for curado na hora, eles ficam com raiva de você.

Em suas mentes, eles estão pensando: "Acabei de fazer a oração da fé por você. Por que você não recebeu? Eu sei que fiz minha parte; fiz uma oração cheia de fé. Então, se você não recebeu, é porque você está vivendo na descrença ou em algum outro tipo de pecado".

Se você tem teologia de microondas e não for curado ou livrado dentro do seu prazo, sua alma entrará em colapso. Você vai começar a pensar: "Acho que não tenho fé suficiente". Ou você pode pensar: "Eu simplesmente sou incapaz de comover Deus neste assunto, eu simplesmente não tenho o que é preciso". Ou pior ainda, você pode começar a se associar com o acusador e pensar consigo mesmo: "Deus não cumpriu a Sua Palavra! No meu caso, Ele não cumpriu Suas promessas. Esse negócio de crer em Deus e permanecer na Sua Palavra não funciona".

Quando a pessoa com teologia de microondas não recebe uma provisão imediata de Deus, ela concluirá que não pode comover Jesus nesse assunto e desistirá. Ela cairá em uma resignação entorpecida e decidirá que apenas terá que viver com seus problemas.

Em outras palavras, ela abandona a busca fervorosa por Deus. Como aquilo não aconteceu de acordo com seu cronograma, ela sai da corrida e se torna um cristão que lida com situações difíceis.

E é exatamente isso que Satanás estava buscando! É intenção de Satanás que o santo que está no cadinho de Jó abandone a esperança de comover Deus e se resigne ao cristianismo apático e usual. A teologia de microondas é mortal porque nos faz desistir.

A Natureza Mortal da Teologia de Marta

A "teologia de Marta" é igualmente mortal porque tem o mesmo efeito líquido de nos fazer desistir, mas o raciocínio é diferente.

Jesus disse a Marta: "Teu irmão Lázaro irá ressuscitar".

Marta respondeu: "Eu sei que ele vai ressuscitar na ressurreição do último dia" (João 11.24).

Jesus respondeu com tantas palavras: "Não, Marta, você não entendeu. Você não tem que esperar até a ressurreição no último dia, porque você tem diante de você Aquele que é Ele mesmo a ressurreição e a vida!"

E então, para validar Seu ponto, Jesus ressuscitou Lázaro dos mortos.

Antes de ressuscitar Lázaro, Jesus teve que corrigir a teologia de Marta. Ela tinha uma teologia de vida após a morte, uma teologia que dizia que tudo será consertado, curado e restaurado no último dia. Jesus repreendeu a teologia de Marta, demonstrando Seu propósito de trazer o poder da ressurreição para os males deste mundo caído aqui e agora.

Pessoas com a teologia de Marta encontrarão maneiras de substanciar com as Escrituras que não é a vontade de Deus livrá-las. Elas acreditam que Deus receberá a mais elevada glória por meio de suas vidas se elas não forem livradas aqui e agora. Embora seja verdade que Deus é glorificado por meio de nossa perseverança paciente em meio ao sofrimento, é tentador adotar a teologia de Marta para que não tenhamos que lutar com nossa descrença.

Se você tem a teologia de Marta, decidirá que sua crise atual provavelmente não vai se resolver nesta vida, você se recomporá emocionalmente e se preparará para viver com sua dor até que Jesus volte. Você decidirá que não é a vontade de Deus curar ou restaurar seu problema particular, e desistirá da busca zelosa de tocar as vestes de Jesus neste assunto. O desespero desse tipo de fatalismo lhe reduzirá à passividade do cristianismo padrão atual.

E, novamente, é exatamente por isso que Satanás está pelejando! Ele quer que você desista dessa busca desesperada, fervorosa e ardente de Cristo até agarrá-Lo. Ele não se importa se é a teologia de microondas ou a teologia de Marta que perfura seu espírito, ele só quer que você sucumba à resignação entorpecida e desista da motivação por sua busca.

Teologia de Jacó

Porém, há outra opção! Eu a chamo de "teologia de Jacó", porque foi Jacó quem disse: "Não Te deixarei ir, se me não abençoares!" (Gênesis 32.26). Esta é uma teologia que diz: "Vou atrás de Jesus, vou persegui-Lo com tudo o que está dentro de mim e não vou desistir – nunca. Vou me agarrar à promessa; vou permanecer em Sua face; vou buscar o Seu poder de ressurreição *porque sei que está disponível para mim*. Eu sei que o poder da cruz pode ser acessado. Sei que o poder da ressurreição de Cristo foi planejado por Deus para se manifestar aqui na Terra. Não entendo por que ainda não fui capaz de comovê-Lo nesse assunto, mas não vou desistir até fazê-lo. E se eu morrer enquanto tento, isso é problema de Deus. Mas, enquanto houver fôlego em meu corpo, irei atrás de Jesus com cada grama de força que tenho. Devo ganhar a Cristo!"

Essa é a determinação implacável do santo que está aceitando o cadinho de Jó de maneira adequada. Esse tipo de tenacidade cria o que é chamado de cristão perigoso. *Este é o tipo de santo que faz com que os lacaios do inferno tremam de medo e nervosismo, pois eles estão vendo outro Jó – um homem ou mulher que está determinado a perseverar na face de Deus até que Ele cumpra Seus propósitos em sua vida.* Assim que esse santo sair do cadinho, ele sairá com o tipo de quebrantamento e consagração aos propósitos de Deus que não será afetado pelos esquemas do diabo. Ele será verdadeiramente um vaso preparado por Deus para os propósitos do tempo do fim na Terra.

O cadinho de Jó testifica que você pode ter tudo. Você pode ser mudado e curado! Você pode ser transformado no fogo e libertado por meio de Seu glorioso poder. Você pode comprar um tesouro eterno no fogo e ganhar um testemunho no final do poder da ressurreição de Deus. *Se você transformar a dor do seu cadinho em uma busca fervorosa, desesperada e implacável de Cristo, você pode ter tudo!*

14

Compromisso Com A Integridade

O cadinho de Jó pretende nos lançar de cabeça em uma busca fervorosa por Cristo, mas há um outro fator além da busca desesperada que é absolutamente necessário se quisermos alcançar o ápice da promoção espiritual: devemos salvaguardar nossa pureza moral. Neste capítulo, exploraremos o profundo compromisso de Jó com a pureza pessoal.

Cada um dos amigos de Jó oferece três discursos ao longo do livro. Conforme as três sequências de discursos se desenrolam, os amigos de Jó gradualmente ficam sem argumentos. No final do capítulo 25, eles não tinham mais nada a dizer porque Jó era justo aos seus próprios olhos.

Enquanto os amigos de Jó ficam em silêncio, Jó lança um monólogo de seis capítulos (capítulos 26-31). Esses capítulos se desenvolvem em direção ao clímax do argumento de Jó, tal como o final de uma sinfonia de Tchaikosvki. Este é o grande e último clamor de Jó. Quando Jó chega ao capítulo 31, ele está concluindo suas queixas e declarações com incrível intensidade – as trombetas estão de pé, os arcos do violino estão rodopiando, os trombones estão berrando, os saxofones estão furiosos, os pratos estão atacando o ar, e os tímpanos estão sacudindo as paredes com seu trovão estrondoso. O capítulo 31 é a passagem mais impressionante, definitiva, conclusiva, enfática e estupeficante de todo o livro. É uma conclusão absolutamente fantástica para um confronto emocionante de proporções épicas. Deixe a música tocar!

Três Temas do Capítulo 31

Por meio da inspiração do Espírito Santo, Jó fará simultaneamente três coisas por nós no capítulo 31:

1. Ele validará sua integridade além de qualquer dúvida, listando seus padrões pessoais de santidade e boas obras.

Ao longo do livro, Jó afirma que se ele se comportou de maneira perversa, ele certamente merece o juízo de Deus. Mas ele vai concluir sublinhando esse ponto, afirmando em termos inequívocos que ele "não é culpado" de grande transgressão e, portanto, não merece o juízo que tem conhecido. Em sua conclusão, ele basicamente diz: "Ok, rapazes, deixe-me contar como eu vivi. Vocês me acusaram de transgressão, mas agora vou lhes especificar meu estilo de vida comprometido com pureza, amor e boas obras".

2. Ele delineará a marca d'água superior da verdadeira devoção, definindo piedade para todas as gerações.

O profeta Miquéias fez esta pergunta introspectiva: "Que é o que o Senhor pede de ti?" Jó 31 é a resposta. Como o primeiro livro bíblico escrito, Jó lança as Escrituras com uma declaração definitiva sobre a natureza e as prioridades da verdadeira piedade. Depois disso, os homens de todas as gerações considerariam Jó 31 como o teste verdadeiro da religião genuína, o padrão de devoção contra o qual medir nossas práticas e prioridades.

3. Ele articula os principais temas que acompanham o coração da noiva do tempo do fim enquanto ela se prepara para o Noivo.

Como profeta da piedade genuína, Jó está nos mostrando que a espiritualidade antiga se tornará a espiritualidade do tempo do fim.

Depois de explorarmos todas as fendas do que os homens podem fazer para agradar a Deus, retornaremos ao antigo padrão de Jó 31. A noiva do tempo do fim será consagrada em um compromisso tenaz com o caráter e as boas obras. *O final estrondoso de Jó detalha o batimento cardíaco apaixonado da noiva na última hora enquanto ela se adorna com boas obras como com um vestido de casamento, a fim de apressar e receber o retorno de seu Amado e Amigo.*

As convicções morais de Jó 31 não serão sutilezas periféricas, mas esses valores estarão tão gravados no interior de seu ser que compreenderão o próprio DNA daquilo que a noiva reproduz geneticamente nos bebês recém-nascidos. Esses padrões de piedade serão mais do que apenas o que ela faz, será quem ela é. *E será sua paixão pela santidade que capacitará a noiva a perseverar durante a hora da prova (o cadinho de Jó) que virá sobre toda a Terra (Apocalipse 3.10).*

Exortações à Noiva do Tempo do Fim

Existem várias maneiras de abordar o capítulo 31, mas aqui está como eu quero fazer isso. Pegarei cada aspecto do compromisso de Jó com a retidão e o articularei como uma exortação pessoal a você, leitor. Ao revisar este capítulo comigo, que o Espírito Santo amacie seu coração novamente para essas verdades. E que você permita que Ele fortaleça e reforce os limites morais que você estabeleceu como baluartes de comportamento em sua vida.

1. Guarde a janela para os pensamentos (31.1-4).

> "Fiz aliança com meus olhos; como, pois, os fixaria numa virgem? Por que qual seria a parte de Deus vinda de cima? Ou a herança do Todo-poderoso para mim desde as alturas? Porventura não é

a perdição para o perverso e o desastre para os que obram iniquidade? Ou não vê Ele meus caminhos e não conta todos os meus passos?" (31.1-4).

Jó começa mergulhando ousadamente na questão da luxúria. Há um espírito de luxúria na Terra hoje que foi vomitado das fossas do inferno sobre a humanidade. Ele se prolifera na mídia, agride continuamente nossos sentidos e é fundamental para a "estratégia da guerra santa" do inferno para prender e imobilizar os crentes na última hora.

Os crentes dos últimos dias devem se cercar de um perímetro de convicção ao lidar com a luxúria. *A pureza mental deve ser mais do que uma meta espiritual; deve ser uma paixão pessoal que os crentes apreciam como o tesouro inestimável de sua vida oculta.* Mesmo quando você não atingiu a perfeição em uma área (como pureza mental), você ainda pode mantê-la e guardá-la como uma profunda convicção pessoal.

O olho é a janela para os pensamentos. Jesus disse que com nossos olhos podemos encher nosso corpo de luz ou de trevas (Mateus 6.22-23). Há uma guerra pelas mentes dos jovens hoje e, se quisermos responder ao ataque, devemos abordar a questão da pornografia.

O inimigo não se importa se a pornografia permanecer secreta. Ela ganha seu poder em segredo. O plano de Satanás é facilitar seu sigilo, tornando-a mais prontamente disponível para nossas vidas privadas. Esse esquema avançou bastante com o advento dos videocassetes, vídeos e TV a cabo.

Alguns casais cristãos justificam o uso de pornografia em seu quarto. É um grande engano pensar que pode servir para estimular seu casamento. Você está comprometendo o perímetro ao redor de sua casa e de sua família.

Justamente quando pensávamos que a pornografia não poderia se tornar mais secreta ou proliferante, a tecnologia recente fez com que ela literalmente explodisse em todo o mundo. Estou me referindo à internet.

A embalagem é nova mas a trama é antiga: enredar a noiva com a luxúria dos olhos. É essencial que tomemos medidas agressivas e violentas para estabelecer limites de pureza em nossas vidas que nos permitirão conservar nossas convicções. Estou falando sobre coisas violentas, como arrependimento rápido, confissão transparente, desconectar a TV a cabo, recusar-se a assistir a vídeos censurados, cancelar o acesso à internet – tudo o que for necessário para estabelecer pureza moral em seus pensamentos.

É uma questão de a noiva estar pronta e adornada para a volta do seu Noivo.

2. Ande no caminho estreito da justiça (31.5-8).

"Se andei com vaidade e se meu pé se apressou para o engano (pese-me em balanças fiéis, e saberá Deus a minha sinceridade); se meus passos se desviaram do caminho, se meu coração segue meus olhos e se às minhas mãos se apegou coisa alguma, então semeie eu, e outro coma, e seja minha descendência arrancada até a raiz" (31.5-8).

Jó está articulando uma paixão pela veracidade. Ele usa as palavras **"andei"**, **"pé"** e **"meus passos"**. Ele está falando sobre a direção de sua vida, sobre as práticas de sua caminhada diária. Ele se manteve no caminho estreito da retidão e da verdade, cuidando para que seus passos não se desviassem para a esquerda ou para a direita.

A verdade e a honestidade são extremamente importantes para a igreja do tempo do fim. Considere estes versos ilustrativos no final do Livro:

- "Mas, quanto aos tímidos, aos incrédulos, aos abomináveis, aos homicidas, aos fornicadores, aos feiticeiros, aos idólatras e a *todos os mentirosos*, sua parte será no lago que arde com fogo e enxofre, que é a segunda morte" (Apocalipse 21.8).
- "Não entrará nela coisa alguma que contamine e cometa abominação e *mentira*, mas só os que estão inscritos no livro da vida do Cordeiro" (Apocalipse 21.27).
- "Ficarão de fora os cães, os feiticeiros, os que se prostituem, os homicidas, os idólatras e *qualquer que ama e comete a mentira*" (Apocalipse 22.15).

3. Fuja da fornicação (31.9-12).

"Se meu coração se deixou seduzir por uma mulher, ou se andei rondando à porta do meu próximo, então moa minha mulher para outro, e outros se encurvem sobre ela. Porque isto seria uma infâmia e delito, pertencente aos juízes. Porque é fogo que consome até a perdição e desarraigaria toda a minha renda" (31.9-12).

Nos primeiros quatro versículos, Jó falou sobre a luxúria; agora ele fala sobre o pecado corporal. Ele chama o pecado sexual corporal de **"um fogo que consome até a perdição"**, uma verdade que Salomão captou e expôs no livro de Provérbios.

Fornicação é se envolver em atividade sexual com outra pessoa que não seja seu cônjuge. A Escritura é muito clara que a única atividade sexual que Deus permite é com o cônjuge. Todas as outras atividades sexuais **"consomem até a perdição"**.

A igreja deve ser uma voz intransigente contra a relatividade moral desta geração. Alguns casais de noivos justificam o sexo antes do casamento dizendo: "Vamos nos casar de qualquer maneira". A verdade é que você não está em aliança até cumprir seus votos e ser unido como um por Deus. As pessoas vivem juntas hoje sem nem piscarem. Deus julgará Sua casa para que haja uma diferença marcante na última hora entre a igreja e o mundo.

Querido crente, se você está fazendo sexo com alguém que não é seu cônjuge, você está dizimando sua retidão diante de Deus. Você está atirando sua integridade para o inferno. Você está bancando o tolo. Você está sacrificando sua integridade no altar da satisfação pessoal.

Se você mora com alguém que não é seu cônjuge, arrependa-se e saia de casa. Se o seu namorado ou namorada está colocando pressão sobre você, rompa o namoro. "Mas ele diz que me ama". Não, ele não ama você; ele se ama. Se ele a amasse, ele se esforçaria para ajudá-la a proteger sua pureza.

Talvez você ache que pareço zangado. Eu não estou bravo; estou aterrorizado. "Assim que, sabendo o temor que se deve ao Senhor, persuadimos os homens" (2 Coríntios 5.11). Vivemos na presença de um Deus que tem poder para lançar no inferno. Seremos aperfeiçoados e purificados apenas no temor total do Senhor.

4. Trate os outros sem discriminação (31.13-15).

"Se desprezei o direito do meu servo ou da minha serva, quando eles contendiam comigo, então que faria eu quando Deus Se levantasse? E, inquirindo a causa, que Lhe responderia? Aquele que me formou no ventre não o fez também a ele? Ou não nos formou do mesmo modo na madre?" (31.13-15).

No contexto imediato, Jó está falando sobre como ele trata seus empregados (servos). Ele está articulando seu valor para a vida humana e a realidade de que todas as pessoas são criadas como iguais perante Deus.

A noiva do tempo do fim carrega consigo uma paixão contra todas as formas de discriminação, seja com base na raça, cor da pele, sexo, posição social, padrão de vida ou idioma – ou qualquer coisa assim. Alguns nascem com privilégios; outros nascem na pobreza, mas todos nós estamos nus diante de nosso grande Deus e Criador.

Vamos examinar nossos corações. Como você se relaciona com outros funcionários menos experientes ou menos instruídos do que você? Você trata os desfavorecidos como iguais? *Somente quando virmos "o menor deles" como sendo nosso igual, seremos capacitados pelo Espírito para sermos uma força de cura entre os pobres e feridos do mundo.*

5. Ajude o pobre, a viúva, o órfão (31.16-23).

"Se retive o que os pobres desejavam ou fiz desfalecer os olhos da viúva, ou sozinho comi meu bocado, e o órfão não comeu dele (porque desde minha mocidade cresceu comigo como com seu pai, e o guiei desde o ventre de minha mãe); se a alguém vi perecer por falta de roupa, e ao necessitado, por não ter coberta; se seus lombos não me abençoaram, se ele não se aquentava com as peles dos meus cordeiros; se levantei a mão contra o órfão, porque na porta via minha ajuda, então que meu braço caia do ombro e se solte da articulação. Porque o castigo de Deus era para mim um assombro, e eu não podia suportar sua grandeza" (31.16-23).

Muitos cristãos são bem ensinados nos princípios de dízimos e ofertas (Malaquias 3.8-12), mas nem todos os cristãos ainda descobriram o poder da esmola. As esmolas são presentes dados em segredo aos pobres (Mateus 6.1-4). A esmola não substitui o dízimo, mas é dada depois que o dízimo foi dado.

Deus está empenhado em nos tornar como o pão repartido dado aos outros – tanto natural quanto espiritualmente. Há uma certa liberação do poder do reino quando damos secretamente aos pobres por causa de nosso amor apaixonado por Jesus Cristo. *O ato de dar esmolas era uma paixão para Jó e será restaurado à igreja do tempo do fim como uma forma fervorosamente poderosa de expressar nosso amor por Cristo.*

Há uma tendência entre muitos de institucionalizarem essa prática de ajudar os pobres, as viúvas, os órfãos e os desfavorecidos. O que quero dizer é que colocaremos algo no prato de ofertas na igreja e então esperaremos que a igreja como uma instituição cumpra nossa responsabilidade. Ou doaremos para uma organização de caridade como o Exército de Salvação e imaginaremos que cumprimos nosso dever. Mas o que Jó praticava, e o que Jesus ensinava, era a doação individual de recursos pessoais a uma pessoa ou família em necessidade.

Algo profundo acontece quando praticamos a esmola bíblica. A abundância de ações de graças faz com que o coração de quem recebe se una ao do doador, e o corpo de Cristo seja edificado e unido pelo vínculo do amor (2 Coríntios 9.12-14).

A igreja gentia nasceu pelo poder da esmola. Era parte da genética espiritual de Cornélio que Deus escolheu para se multiplicar nas nações (Atos 10.4). Jó estava fervorosamente comprometido com isso, assim como Cornélio – e assim também estará a noiva de Cristo no tempo do fim ao servir para a causa de Cristo. *Nossa profunda compaixão pelos pobres, viúvas e órfãos será um catalisador para abrir as comportas da visitação celestial na última hora.*

6. Proteja-se contra o amor ao dinheiro (31.24-25).

"Se no ouro pus minha esperança ou disse ao ouro fino: Tu és minha confiança; se me alegrei de que era muita minha fazenda e de que minha mão tinha alcançado muito" (31.24-25).

É interessante que essa questão de dinheiro venha imediatamente depois de ajudar o órfão e a viúva. Uma das únicas virtudes da esmola revelada por Jesus é sua capacidade de purificar a alma – "Dai, antes, esmola do que tiverdes, e eis que tudo vos será limpo" (Lucas 11.41). Perguntei ao Senhor do quê a esmola nos tornava limpos e recebi a resposta: "Ganância". *Dar esmolas purifica o amor ao dinheiro.*

Há algo sobre dinheiro que constantemente procura cercar e envolver nosso coração. Assim que ganhamos uma nova liberdade do amor ao dinheiro, ele cresce em volta de nossos corações mais uma vez! Portanto, devemos estar constantemente cortando a vegetação rasteira dos tentáculos da ganância que busca recapturar nossas afeições. Como fazemos isso? Fazemos isso em parte por meio do dízimo, mas de forma ainda mais significativa, por meio de um estilo de vida de ofertas e esmolas.

Embora Jó fosse abençoado com bens materiais, ele mantinha proteção vigilante sobre sua alma, para que o dinheiro não encontrasse lugar em seu coração. A igreja do tempo do fim deve estar fervorosamente comprometida com este mesmo princípio de doação, pois com cada doação outro tentáculo invasor do materialismo é cortado e jogado fora.

7. Cultive uma paixão exclusiva por Deus (31.26-28).

> "Se olhei para o sol, quando resplandecia, ou para a lua, caminhando gloriosa, e meu coração se deixou enganar em oculto, e minha boca beijou-me a mão, também isto seria delito pertencente ao juiz, pois assim negaria a Deus, que está em cima" (31.26-28).

Ao renunciar à idolatria, Jó está expressando sua determinação intencional de amar a Deus em primeiro lugar e exclusivamente.

Esse zelo por uma paixão exclusiva por Jesus está agora cativando a noiva do tempo do fim. Ela está fervorosamente comprometida em negar e crucificar todas as afeições concorrentes para que somente o Senhor Jesus possa brilhar em seu coração como a luz de seus olhos.

Por que você acha que João encerrou sua primeira epístola com as palavras: "Filhinhos, guardai-vos dos ídolos" (1 João 5.21)? Será que todos nós lutamos contra a tentação constante de colocar nossas afeições em coisas que não sejam Cristo?

Jesus nos disse qual era o maior mandamento: "Amarás o Senhor, teu Deus, de todo o coração, de toda a alma e de todo o pensamento" (Mateus 22.37). Sou grato a Deus porque, por meio de Cristo, o grande mandamento se torna a grande promessa: Ele nos promete que "iremos" amar a Deus de todo o nosso coração! Esta é a declaração profética de Cristo sobre a era da Igreja de que antes de Ele retornar, o Espírito Santo nos capacitará com sagradas afeições por Jesus, de forma que realmente O amaremos com pureza e exclusividade sinceras.

8. Abandone a amargura, abençoe seus inimigos (31.29-30).

> "Se me alegrei da desgraça do que me tem ódio, e se exultei quando o mal o achou (também não deixei pecar meu paladar, desejando sua morte com maldição)" (31.29-30).

Nada testa mais a coragem espiritual de um homem do que como ele responde àqueles que o perseguem, odeiam, desprezam, reprovam, excluem ou rejeitam de outra forma. Jesus orou por Seus inimigos e nos instruiu a fazermos o mesmo.

A noiva do tempo do fim terá ampla oportunidade de testar essa dinâmica em seu coração. Muitos a odiarão nos últimos dias. Ela terá muitas oportunidades de ficar com raiva. Mas ela carregará a determinação de Jó de proteger seu coração contra toda amargura.

9. Seja hospitaleiro com estranhos (31.31-32).

> "Se a gente da minha tenda não disse: Ah, quem não se terá saciado com sua carne! O estrangeiro não passava a noite na rua; abria minhas portas ao viandante)" (31.31-32).

O compromisso de Jó com a hospitalidade é um padrão profético que ainda fala hoje.

As Escrituras nos exortam a sermos hospitaleiros com os estranhos (Hebreus 13.2; Mateus 25.35; Romanos 12.13). Esta ordem é intimidante para alguns que foram ensinados a nunca confiar em estranhos. Para obedecer a esta Escritura, nossa confiança em Deus deve ser mais forte do que nosso medo de pessoas exploradoras.

Devemos usar a sabedoria divina e o discernimento espiritual e estarmos dispostos a obedecer a direção do Espírito.

O espírito da Escritura milita contra o individualismo de nossa era moderna. Muitos de nós não conhecemos os vizinhos porque o portão da garagem abre automaticamente, nós dirigimos para dentro, o controle fecha o portão da garagem sobre nós e nossa privacidade é preservada. Esqueça isso de atender às necessidades de estranhos, nem mesmo conhecemos nossos vizinhos! O amor de Cristo, no entanto, faz com que nos abramos às necessidades e preocupações dos outros, mesmo que isso signifique nossa inconveniência pessoal.

10. Recuse-se a esconder o pecado secreto (31.33-34).

"Se, como Adão, encobri minhas transgressões, ocultando meu delito no meu seio, trema eu perante uma grande multidão, o desprezo das famílias me apavore, e eu me cale e não saia da porta" (31.33-34).

Jó está se referindo à maneira como Adão tentou cobrir sua nudez depois que pecou pela primeira vez (Gênesis 3.7). Desde então, os homens agiram exatamente como seu primeiro ancestral. O medo nos faz esconder e internalizar nossas falhas e pecados. Temos medo do que os outros pensariam se realmente soubessem quem somos. E também tendemos a pensar que podemos encobrir nossos pecados do próprio Deus. Que tolice!

Jó está articulando um compromisso pessoal de confessar seus pecados aberta e rapidamente. *A noiva do tempo do fim será ardentemente entregue ao "arrependimento profundo".* Ela não permitirá que o pecado encontre qualquer ponto de apoio em seu coração, mas, em vez disso, tratará violentamente com ele, confessando-o ousadamente aos outros e permitindo que a luz da graça de Deus dissipe todas as sombras das trevas.

O verdadeiro caráter cristão é determinado por quem você é em segredo, a longo prazo, sob pressão. Ao se comprometer a andar na luz da confissão aberta (1 João 1.9), você cultivará a verdadeira beleza interior e santidade.

Caro leitor: nunca é tarde demais para ser restaurado à retidão moral! Não desanime com as falhas do passado. Comprometa-se hoje a seguir o exemplo de Jó. Arrependa-se rápida e completamente de todos os pecados, e você descobrirá a honra que esse tipo de humildade acarreta (1 Pedro 5.5-6).

11. Seja ético nas práticas comerciais (31.38-40).

"Se minha terra clamar contra mim, e se meus sulcos juntamente chorarem; se comi sua novidade sem pagar ou sufoquei a alma dos seus donos, por trigo me produza cardos e, por cevada, joio. Aqui terminam as palavras de Jó" (31.38-40).

Jó está declarando que não explorou ou reteve o salário de seus servos e empregados. Ele termina seu monólogo abordando com força total as práticas enganosas que permeiam grande parte da comunidade trabalhadora – a exploração e opressão de trabalhadores, usando fraude e violência para benefício próprio. Essas práticas malignas serão extremamente repulsivas para a noiva do tempo do fim.

A maneira como você lida com seus negócios é extremamente importante para Deus. Você defrauda os trabalhadores de seus salários devidos? Você confisca bens de outras pessoas? Seu estilo de liderança é tirânico? Você trapaceia em seus impostos?

Acima de tudo, a noiva do tempo do fim carregará uma grande paixão pela justiça. Ela está esperando com tremor que o Juiz de toda a Terra volte para que Ele possa estabelecer a justiça e a retribuição para todos os povos.

Haverá grande bênção financeira para a noiva do tempo do fim – com o propósito de reunir a colheita – mas será extremamente importante que, como Jó, ela possa dizer que tudo o que ganhou foi por meios honestos.

Quando Um Homem Santo Ora

Não há combinação mais poderosa na Terra do que estes dois ingredientes: santidade e oração. É como colocar gasolina e fogo juntos. Misture santidade com oração e você terá combustão! É uma combinação que muda a Terra e move o céu.

A Bíblia testifica: *"A oração feita por um justo pode muito em seus efeitos"* (Tiago 5.16). Aqui está uma fórmula simples para esse versículo:

pureza + oração = poder

O glorioso desfecho da história de Jó é quase inevitável porque é a história de um homem santo que se entrega à oração. Quando um homem de santidade ora, suas orações são ouvidas! Assim como a transigência impede as orações (1 Pedro 3.7), a pureza garante a confiança de que Deus ouve.

A Natureza Crucial da Integridade Moral

É absolutamente essencial que mantenhamos nossa pureza moral na última hora. As batalhas serão intensas e o preço da transigência será alto, mas as recompensas da pureza serão suntuosamente ricas.

Jesus disse de Si mesmo: "Se aproxima o príncipe deste mundo e nada tem em Mim" (João 14.30). Jesus estava dizendo que, por causa de Sua pureza moral, Satanás não conseguia encontrar nenhum ponto de apoio em Sua vida. Não havia alças pecaminosas no coração de Jesus que Satanás pudesse agarrar e manipular. Quando transigimos moralmente, concedemos a Satanás o direito legal de estabelecer uma posição de influência nessa área. Assim que tiver esse acesso, ele manipulará e operará, disputando uma influência ainda maior em nossas vidas. Sempre que houver trevas em nosso coração, o príncipe das trevas tem o direito legal de governar essa área de trevas.

Esta verdade é ilustrada dentro do pequeno círculo dos doze discípulos de Jesus. Jesus tem duas categorias gerais de discípulos, representadas nas vidas de Judas Iscariotes e Pedro.

Primeiro, há o discípulo Judas que permite que um padrão contínuo de transigência moral continue sem controle em sua vida. A transigência moral deste discípulo o torna abertamente vulnerável aos planos de Satanás. Assim como Satanás foi capaz de entrar em Judas no final e usá-lo como um peão (João 13.26-30), Satanás é capaz de empurrar esse tipo de discípulo à vontade, até mesmo arrastando-o para a destruição.

Judas representa o discípulo que dá a Satanás o direito legal de governar uma área de seu coração.

Depois, há o discípulo Pedro. Este discípulo estabeleceu limites de pureza moral em torno de sua vida; ele formou paredes de padrões morais que se comprometeu a manter. Para Satanás tocar esse tipo de discípulo, ele tem que pedir primeiro. "Disse também o Senhor: Simão, Simão, eis que Satanás pediu para cirandá-los como trigo. Mas Eu roguei por ti, para que tua fé não desfaleça; e tu, quando te converteres, confirma teus irmãos" (Lucas 22.31-32).

Por meio da pureza pessoal, Pedro negou a Satanás a capacidade de obter qualquer acesso legal à sua vida. Portanto, Satanás teve que obter a permissão de Deus para tocar em Pedro. O mesmo aconteceu com Jó. Não havia nenhuma área de escuridão na vida de Jó que Satanás pudesse explorar. Jó estava imune às manipulações de Satanás por causa de sua santidade e temor reverente (Jó 1.8). Portanto, Satanás teve que obter permissão especial de Deus para tocar em Jó.

Quando Satanás pede para lhe cirandar e o Pai dá permissão a ele, observe estas verdades sobre esse cenário:

- O Pai estabelece os limites de quão longe Satanás pode levar a ciranda. O livro de Jó ilustra que, ao cirandar um homem piedoso, Satanás pode ir até um ponto e nada mais. Ele poderia afetar a saúde de Jó, mas não poderia tirar sua vida.
- Jesus está orando por você, "para que a tua fé não desfaleça" (Lucas 22.32).
- Deus tem um propósito nisso. O objetivo de Satanás é deixá-lo com raiva de Deus, deixá-lo desorientado, desencorajar sua alma a ponto de desistir. Mas o objetivo de Deus é que você persevere e siga em frente, que você seja mudado no processo, e depois que você "confirme seus irmãos" (Lucas 22.32).

Satanás vai pedir permissão para lhe cirandar porque ele gerou com sucesso muitas vítimas ao longo dos séculos. Ele tem sido capaz de desencorajar tantos santos a ponto de desistir que está disposto a apostar em sua vida. Ele acha que pode lhe derrubar também. Mas você tem Jesus orando por você, e se agir com graça em seu coração, você sairá do cadinho transformado para sempre.

Satanás fica extremamente nervoso ao ver um santo se apegando à sua pureza moral e continuando a andar com padrões justos no meio da ciranda. Ele sabe que se o santo passar pela ciranda com sucesso, ele se tornará um servo ainda mais eficaz para a causa de Cristo.

Não permita que os espasmos finais de sua derrota lhe dominem. *Proteja sua pureza, apegue-se às suas virtudes, continue a abundar em boas obras, cuide dos pobres e necessitados, e você sairá do cadinho transformado – uma arma realmente perigosa nas mãos de Deus!*

15

Como Deus Mudou o Paradigma Paternal de Jó

Quando olhamos para Jó no início do livro, encontramos um homem que era justo, santo e irrepreensível. Mas também encontramos um homem profundamente frustrado. Ele era frustrado com sua incapacidade de transmitir sua paixão por Deus aos filhos.

Jó era santo, mas não era um pai realmente eficaz. Seus primeiros dez filhos eram animais festeiros (1.4-5). Eles estavam recebendo a bênção financeira que receberam de seu pai por causa de sua piedade e a desperdiçando de maneira autocomplacente. Eles não estavam administrando adequadamente a bênção herdada de seu pai.

Jó era particularmente íntegro, mas não podia transmitir sua fé aos filhos. Quase parece uma contradição, no entanto, é uma síndrome muito comum até hoje.

O livro de Jó conta a história do que aconteceu quando Deus decidiu visitar Jó e transformar seu paradigma paternal – ou seja, a abordagem formulada de Jó e premissas automáticas que impulsionaram e direcionaram seu modo e estilo de paternidade.

Algumas pessoas podem ver apenas *punição* nas mãos disciplinadoras de Deus. Embora haja um elemento de punição em grande parte da disciplina de Deus, nem sempre é o elemento principal em ação. Às vezes, a disciplina de Deus é, na verdade, uma *promoção*. Deus não visitou Jó por causa de algo que ele fez de errado, mas por causa de algo que ele fez certo. O castigo de Jó não foi uma punição pelo pecado; era o meio pelo qual Deus estava promovendo Jó por causa de sua fidelidade.

Alguém uma vez me perguntou: "Você pode encontrar um Deus de misericórdia no livro de Jó?" Minha resposta é, absolutamente! Deus poderia ter dito a Jó: "Tenha seus dez filhos rebeldes; tenha sua esposa rabugenta; tenha seu mundinho seguro". Deus poderia ter deixado Jó sozinho. Mas Ele amava muito a Jó. Foi a misericórdia de Deus que visitou Jó, a fim de trazê-lo a um lugar superior. Deus não gosta do processo de infligir dor em nossas vidas para nos elevar mais alto ("Porque não Lhe agrada afligir os filhos dos homens", Lamentações 3.33), mas Ele sabe que é a única forma.

O Pedido de Jó

"**Eu sou irrisão para os meus amigos; eu, que invoco a Deus, e Ele me responde**" (12.4). Jó está nos dizendo que sua calamidade veio em resposta a uma oração que ele fez. Jó parece dizer: "Eu pedi algo a Deus e Ele respondeu ao meu pedido. Agora meus amigos zombam de mim".

Portanto, a grande questão é: o que Jó pediu?

É claro que ele pediu *algo*, mas não há como provar o que ele pediu. No entanto, gostaria de fazer uma "suposição qualificada".

Acho que o pedido de oração de Jó era relacionado aos seus filhos. É verdade que Jó era um homem íntegro, mas também era um homem frustrado. Ele estava frustrado com a apatia espiritual de seus dez filhos. Parecia que não importava o quão conscienciosamente ele modelou a piedade para eles, eles mostravam pouco interesse em buscar a Deus como seu pai fez. Na verdade, parece que eles sentiram que a atenção de seu pai os colocava em uma categoria de imunidade espiritual. Eles se enganaram ao pensar que os sacrifícios de seu pai em seu nome os isentava das consequências de sua indolência espiritual.

Jó estava frustrado com sua incapacidade de incitar seus filhos com sua própria paixão por Deus. Ele estava perdendo seus filhos para um estilo de vida autoindulgente e se sentia incapaz de fazer qualquer coisa a respeito. Jó estava fazendo tudo o que sabia fazer como pai, mas não era o suficiente. A verdade é que, quando se trata de criar filhos, o nosso melhor nunca é suficiente. Precisamos da ajuda e intervenção divina de Deus em nossos lares.

Estou sugerindo que seu pedido de oração soou mais ou menos assim: "Deus, o que será necessário para alcançar meus filhos? Oro para que Tu faças tudo o que precisas fazer em mim, para me capacitar a conduzi-los a uma busca fervorosa por Deus. Mude-me, Senhor. Faça-me um pai espiritual. Traga-me para uma dimensão superior em Ti".

A evidência é que essa oração agradou ao Senhor. É como se Deus dissesse: "Aqui, deixe-Me ajudar. Vou renovar seu odre. Eu mudarei a própria estrutura do seu ser, e você se tornará um verdadeiro pai espiritual".

O Significado do Nome de Jó

Fiquei perplexo com os múltiplos significados dados ao nome de Jó. A Enciclopédia Bíblica Ilustrada de Zondervan afirmou que o nome de Jó poderia significar: "Onde está meu pai?" ou "Sem pai". Em seguida, continuou a dizer: "Qualquer uma das formas pode sugerir um órfão ou ilegitimidade".

O comentário de Clarke (Volume III, p.23) disse que Jó significa "Infeliz" ou "Aquele que chora".

O Dicionário da Bíblia de Smith (p. 1400) afirma que Jó significa "Aflito".

O Dicionário Bíblico do Intérprete (Volume 2, p. 911) conecta o nome Jó com a palavra hebraica para "inimigo", sugerindo, assim, que seu nome está associado à ideia de "inimizade" ou "hostilidade". O Dicionário do Intérprete foi muito útil para explicar a grande variedade de significados para o nome de Jó. Ele é baseado no idioma que está sendo usado. Ao usar o nome hebraico para Jó (ëiyyobh), ele conecta com "inimigo" (ëoyebh). Ao estudar a raiz árabe de Jó, pode significar "Penitente" ou "Infeliz". O nome Jó também aparece em documentos acadianos do século II a.C., e é explicado por W. F. Albright[9] como significando "Onde está (meu) Pai?"

Portanto, não podemos ser dogmáticos com qualquer significado do nome de Jó. No entanto, estou fascinado com a conexão acadiana em que o nome de Jó significa "Onde está meu pai?" Se Jó não teve um modelo de paternidade adequado (uma deficiência que assola nosso mundo hoje), talvez isso explicasse em parte sua aparente falta de conhecimento ao criar seus próprios filhos.

Renovando o Odre de Jó

Para levar Jó a um lugar superior, Deus teve que revolucionar seu paradigma paternal – sua abordagem operacional de quem é um pai e o que ele faz. Deus teve que mudar Jó na essência de seu ser e personalidade. Esse tipo de transformação pessoal radical ocorre apenas no cadinho de intenso calor e pressão. Nada mais pode causar uma mudança tão dramática na própria natureza de um ser. Esta não foi simplesmente uma lição que Jó precisava aprender; foi uma experiência de mudança de vida que teve que ser marcada em sua alma por meio da instrução da disciplina de Deus (Hebreus 12.11).

Para usar outra metáfora para o mesmo processo, Deus estava renovando o odre de Jó. Para explicar essa metáfora, aqui está um rápido resumo do processo de vinificação usando um odre.

O vinho novo é colocado em uma pele de animal que tem a forma de um recipiente e depois é costurada e lacrada. À medida que o vinho fermenta, ele passa por uma vigorosa reação química, forçando o odre a se esticar com a pressão dos gases em expansão. Conforme o vinho envelhece, as reações químicas diminuem gradualmente e a pele se calcifica e endurece. Depois de despejar o vinho envelhecido, se você encher o odre endurecido com vinho novo e selá-lo novamente, o odre rígido não será capaz de flexionar com o vinho novo à medida que os gases em expansão se desenvolvem. O odre velho acabará explodindo com a violência das reações químicas internas e derramará o conteúdo. Jesus falou sobre

---

9   NT: William Foxwell Albright foi um destacado orientador americano, pioneiro da arqueologia, linguista e especialista em cerâmica. Desde o princípio do século XX até sua morte, W. F. Albright foi o decano dos arqueólogos e o pai mundial da Arqueologia bíblica.

isso: "Ninguém põe vinho novo em odres velhos; porque o vinho novo romperá os odres, entornando-se e danificando completamente os odres; antes, o vinho novo deve ser colocado em odres novos" (Marcos 2.22).

Você pode fazer uma das duas coisas com um odre velho: pode descartá-lo ou recondicioná-lo. Recondicionar um odre velho para que se torne novamente macio, maleável e flexível é uma tarefa muito árdua. Muitas vezes é mais fácil simplesmente descartar o objeto. Mas, às vezes, Deus chega a um odre velho e o escolhe para um vinho novo.

Deus escolheu Jó para o vinho novo, mas primeiro ele teve que recondicionar totalmente o odre. Caso contrário, Jó nunca teria sido capaz de lidar com a nova coisa que Deus queria fazer com ele.

Os processos de Deus na preparação de odres velhos para vinhos novos são rigorosos e extremamente intensos. Fui levado a entender que preparar um odre velho para um vinho novo inclui processos violentos, como esfregar óleo com veemência no odre, rolar e esticar a pele vigorosamente, colocá-la no chão e bater nela. Depois de um pouco disso, achamos que foi suficiente, mas Deus sabe que ainda precisamos de mais pancadas. Descobrimos através da vida de Jonas que três dias nas profundezas não foram suficientes para transformar seu odre. Será necessário mais do que um rápido processo para transformar o odre velho em uma nova prontidão.

Em certo lugar, o salmista disse: "Pois fiquei como odre na fumaça; contudo, não me esqueci dos Teus estatutos" (Salmo 119.83). A fumaça arruinará o odre, pois impregnará e distorcerá o sabor do vinho. Minha interpretação pessoal do Salmo 119.83 é que o escritor está tendo seu odre recondicionado por Deus e está sentindo a dolorosa intensidade do processo de renovação. No momento imediato de sua angústia, ele sente que Deus o está arruinando. (Quando Deus está renovando seu odre, você sentirá que o procedimento é muito severo e que você não vai se recuperar). Mas, apesar de seu clamor por causa da intensidade da disciplina, o salmista tem a resposta certa – ele se apega à palavra de Deus.

Enquanto Deus retrabalhava o odre de Jó, ele reagiu quase que instintivamente com jejum (6.6-7; 23.12). O jejum é uma das respostas violentas que você deve empregar se seu odre velho está sendo renovado por Deus. Quando Jesus ensinou sobre odres velhos e odres novos, Ele estava falando sobre o jejum (veja o contexto de Marcos 2.22). Para cooperar com os propósitos de Deus, o jejum será um elemento necessário se você quiser passar por isso com sucesso. Não estou falando sobre o jejum no sentido de dever como os fariseus praticavam, mas o jejum como um ato de luto e humilhação diante de Deus, e como uma forma de intensificar a busca por Deus.

Como Deus Renovou o Odre de Jó

Levarei algum tempo considerável agora para descrever algumas das forças em ação na vida de Jó, a fim de delinear claramente os métodos específicos que Deus usou para renovar o odre de Jó e transformar seu paradigma paterno. Estes não são mencionados em qualquer ordem particular, mas juntos eles descrevem a natureza do cadinho de Jó. É minha esperança que essas descrições lhe capacitem a compreender, em parte, os tratos de Deus em sua própria vida.

1. A Dor do Luto

A dor de Jó por suas perdas era incalculável. Ele gritou: **"Oh, se minha mágoa retamente se pesasse, e minha miséria juntamente se pusesse numa balança!"** (6.2) Jó sofreu um grande golpe em todas as três áreas principais de nossa vida: relacionamentos familiares, finanças e saúde física. Se você for atingido com força em apenas uma dessas três áreas, é o suficiente para fazê-lo entrar em um estado de extrema agitação, pânico ou raiva. Mas Jó sofreu perdas simultâneas em todas as três áreas e sua dor repentina parecia insuportável.

É muito fácil julgar alguém que está sofrendo, especialmente se você mesmo nunca passou por isso. Depois de experimentá-lo, você nunca mais julgará a dor de outra pessoa. É muito fácil permanecer a uma distância indiferente e criticar a profundidade e a duração do luto de alguém por uma perda. É fácil pensar: "Saia logo dessa!" Até que você experimente uma grande perda em uma dessas três áreas principais, é praticamente impossível para você apreciar ou sentir empatia pelo luto de Jó.

O luto é a emoção natural que sentimos quando experimentamos uma perda. O luto é mais frequentemente associado à morte de um ente querido, mas, na verdade, acontece de várias maneiras: por exemplo, a perda de um emprego, de uma amizade, de uma função corporal, de uma casa, de segurança financeira, de status social, de um casamento, de uma função ministerial, etc. Muitas vezes, não rotulamos o fato de que estamos de luto até estarmos bem envolvidos nisso. Então percebemos: "Estou de luto! É isso que eu carrego! Sofri uma perda terrível e estou sofrendo por essa perda".

Aqueles que não entendem sua dor tentarão repará-la. Eles vão procurar maneiras de ajudá-lo a acabar com seu luto, mas não percebem que o processo de luto é um presente de Deus, um elemento necessário para processar o que aconteceu com você.

Jesus disse que aqueles que sofrem são mais abençoados do que aqueles que riem (Lucas 6.21, 25). Quando você passa por uma perda, a melhor e mais abençoada coisa que você pode fazer é lamentar essa perda. Podemos orar: "Eu te amo, Senhor. Eu não estou bravo Contigo, Deus. Mas meu coração está muito pesado porque sinto a dor da minha perda muito intensamente. Eu Te adoro, Deus Todo-Poderoso, mas estou sofrendo". Ou nas palavras de Jó: **"O Senhor o deu e o Senhor o tomou; bendito seja o nome do Senhor"** (1.21).

Não tenho nada além de respeito pela intensidade do luto de Jó e como ele lidou com isso. Ele não tinha nenhuma Escritura; não tinha ninguém falando palavras proféticas de encorajamento para ele; pelo contrário, tudo o que recebeu de sua esposa e amigos foram palavras de desânimo. E ainda assim ele adorava! Impressionante, de fato.

O luto foi um dos elementos mais fundamentais e necessários em ação na alma de Jó para renovar seu odre.

2. A Dor da Perplexidade

Jó e seus três amigos tentam descobrir por que essa calamidade aconteceu com ele. Embora ele não esteja totalmente certo, Jó conclui que deve ser Deus quem fez isso, pois ele diz: **"Se não é Ele que faz isto, quem poderia ser?"** (9.24). Que pergunta extenuante! Jó está expressando sua perplexidade – se Deus não fez isso com ele, quem o fez?

Jó lutou desesperadamente para discernir a origem de sua calamidade. Foi um vento semelhante a um tornado que fez a casa cair sobre os dez filhos de Jó (1.19). As Escrituras dizem: "[Deus] tira os ventos dos

Seus tesouros" (Salmo 135.7). Então Jó deve ter se perguntado, se é Deus quem controla os ventos, como Satanás poderia provocar um tornado? O tornado era de Deus ou de Satanás? E se Deus enviou o tornado, como é que Deus mataria seus filhos? *Deve* ter sido Satanás quem matou seus filhos – mas como Satanás poderia ter esse tipo de autoridade sobre a família de Jó? Esses tipos de perguntas ecoaram e ricochetearam incessantemente na mente de Jó sem uma resposta satisfatória. Ele estava dominado por uma grande perplexidade.

Quando você fica traumatizado pela perda, seu primeiro instinto é tentar discernir o que causou a perda. Então você pergunta a Deus: "És Tu, Senhor, ou é o diabo?"

A resposta é: "Sim".

Bem, se Deus tivesse feito isso, você saberia como responder; ou se Satanás tivesse feito isso, você saberia o que fazer. A Escritura diz: "Sujeitai-vos, pois, a Deus. Resisti ao diabo" (Tiago 4.7). Se for Deus, você se sujeita; se for o diabo, você resiste. Mas o que você faz quando pergunta se é Deus ou o diabo e a resposta é "Sim"?

Você não quer se sujeitar a isso porque pode ser o diabo; e você não quer resistir porque pode ser Deus. Você não sabe o que fazer! Portanto, não faz nada – exceto permanecer lá e chorar. Você clama a Deus por graça, mas não tem certeza se está agindo certo ou não.

Jó tinha a mão de Deus sobre ele, a mão de Satanás sobre ele e a mão do homem sobre ele. O pobre Jó estava confuso! Ele estava fazendo o melhor que podia, mas não conseguia discernir de onde vinha o estilhaço.

Quando Deus lhe batiza com perplexidade, Ele intencionalmente retém a luz do seu entendimento. A perplexidade tem em si habilidades incomuns de temperar a alma e escavar o coração. Aqui está o poder da perplexidade. Perplexidade é uma parte absolutamente essencial do processo. Jó não tinha ideia do que estava acontecendo com ele – até que tudo acabou. Se ele soubesse da aposta celestial que estava acontecendo em sua vida, nunca teria saído do cadinho com a qualidade de caráter que a perplexidade foi capaz de produzir.

É quando não entendemos "por quê" que a qualidade do nosso amor é testada, provada e purificada.

A Bíblia registra vários casos em que os propósitos de Deus e as atividades de Satanás se confundem de maneira indistinguível. Em um caso, diz: "O Espírito do Senhor Se retirou de Saul, e o assombrava um espírito mau, da parte do Senhor. Então os criados de Saul lhe disseram: Eis que agora o espírito mau, da parte do Senhor, te assombra" (1 Samuel 16.14-15). Então, o espírito mau (ou como algumas traduções dizem, o espírito maligno) era um demônio implantado por Deus ou um anjo celestial? Como algo maligno pode vir de Deus? Ou que tal 1 Reis 22.23. "Agora, pois, eis que o Senhor pôs um espírito de mentira na boca de todos estes teus profetas; e o Senhor é quem declarou o mal contra ti". Como é que um espírito de mentira pode vir de Deus?

Um exemplo ainda melhor de que os reinos demoníaco e celestial são estranhamente indistinguíveis é encontrado no relato de Davi ordenando que o povo de Israel fosse numerado. A história é contada de duas maneiras diferentes em duas partes das Escrituras:

- 2 Samuel 24.1 – "A ira do Senhor tornou a se acender contra Israel, e Ele incitou Davi contra eles, dizendo: 'Vai e faz a contagem de Israel e Judá'".
- 1 Crônicas 21.1 – "Então Satanás se levantou contra Israel e incitou Davi a fazer a contagem de Israel".

2 Samuel diz que Deus incitou Davi a contar o povo; 1 Crônicas diz que Satanás incitou Davi a numerar o povo. Então, quem fez isso, Deus ou Satanás? A resposta é "sim". Às vezes, a mão de Deus e a mão de Satanás são quase impossíveis de diferenciar, dada a nossa perspectiva humana limitada.

No caso de Jó, Deus começou a briga e Satanás estava sendo usado como ferramenta. Mas Jó não sabia disso! Jó não sabia sobre os capítulos 1 e 2 até que toda a provação tivesse acabado! Então, agora ele está no vórtice do redemoinho e não sabe o que fazer.

A perplexidade de Jó serve como um sinal do fim dos tempos. O Espírito de Deus testifica que a perplexidade será uma das grandes questões que os homens enfrentarão nos últimos dias. Jesus disse: "Haverá sinais no sol, na lua e nas estrelas; na terra, angústia das nações, em perplexidade pelo bramido do mar e das ondas" (Lucas 21.25). Jesus advertiu que nos últimos dias os homens ficarão totalmente perplexos com as coisas que estarão acontecendo em suas vidas. Esteja atento: a perplexidade está aumentando ao nosso redor.

Não são apenas os incrédulos que ficarão perplexos. Os santos também ficarão. O livro do Apocalipse descreve várias ocorrências dos últimos dias que serão instigadas tanto pela mão de Deus quanto pela mão de Satanás. Mesmo os santos às vezes serão incapazes de discernir o que é de Deus e o que é de Satanás. Aqui estão dois exemplos do Apocalipse:

Olhei, e eis um cavalo amarelo, e o que estava nele montado tinha o nome de Morte, e o inferno o estava seguindo. Foi-lhes dado poder para matar a quarta parte da Terra, com espada, fome, mortandade e as feras da Terra (Apocalipse 6.8).

O contexto deste versículo é João descrevendo como ele foi arrebatado ao trono de Deus e como os céus se abriram para ele. Ele vê quatro cavalos diferentes cavalgando, cada um aparentemente originário do céu. Mas o cavaleiro deste cavalo se chama Morte, e o inferno o segue. Portanto, essa coisa parece se originar no céu, mas carrega as hordas do inferno em sua comitiva. Então, isso está vindo de Deus ou de Satanás? À medida que essas desgraças atingem a Terra em nossos dias, é quase impossível discernir totalmente a fonte.

"Ouvi do templo uma forte voz, que dizia aos sete anjos: Ide e derramai sobre a Terra as sete taças da ira de Deus. (...) O quarto anjo derramou sua taça sobre o sol, e foi-lhe permitido que abrasasse os homens com fogo. Os homens foram abrasados com grandes calores e blasfemaram do nome de Deus, que tem poder sobre estas pragas, mas não se arrependeram para Lhe darem glória. O quinto anjo derramou sua taça sobre o trono da besta, e seu reino se fez tenebroso; e os homens mordiam a própria língua por causa da intensa dor. Por causa das suas dores e das suas feridas, blasfemaram do Deus do céu e não se arrependeram das suas obras. (...) Sobre os homens caiu do céu uma grande saraiva, pedras do peso de um talento; e os homens blasfemaram de Deus por causa da praga da saraiva, porque ela foi terrível" (Apocalipse 16.1, 8-11, 21).

Três vezes em Apocalipse 16 diz que os homens blasfemaram a Deus por causa de suas pragas. A grande questão para Jó, quando ele foi afligido, era se ele blasfemaria a Deus. "Amaldiçoa a Deus e morre!" cutucou sua esposa (2.9). Se Jó tivesse amaldiçoado a Deus, ele nunca teria entrado em sua herança superior. Mas, no fim dos tempos, os homens abandonarão sua integridade e amaldiçoarão a Deus por causa de sua dor. Em vez de se qualificarem para um lugar superior, eles irão para a amarga perdição contra Deus.

Observe em Apocalipse 16.11, citado acima, que os homens blasfemarão contra Deus por causa de suas feridas. O primeiro será o último. A primeira praga será a última praga. As feridas de Jó aparecerão novamente na carne dos homens. Assim, Jó é um sinal profético para a geração do tempo do fim da intensidade das pragas que visitarão a humanidade, e ele aparecerá no juízo no último dia como uma testemunha contra todos aqueles que escolheram blasfemar contra Deus em vez de abençoar Seu nome.

Mas, novamente, meu principal motivo para citar essa passagem em Apocalipse 16 é mostrar o obscurecimento das linhas que distinguem a mão de Deus da mão de Satanás. As taças se originam do céu e são derramadas por anjos por ordem de Deus, mas as manifestações de seu conteúdo são mais geralmente atribuídas em nossos dias às obras do diabo: doença, fogo abrasador, escuridão, pragas, feridas, dor, a liberação de demônios semelhantes a sapos da boca do dragão, terremotos e saraivas mortais. Quando Deus visitar a Terra com essas pragas, grande perplexidade tomará conta dos corações dos homens enquanto eles lutam para discernir o que é de Deus e o que é de Satanás.

Deus usou a perplexidade para recondicionar o odre de Jó. E Ele novamente usará o poder da perplexidade nos últimos dias para remodelar totalmente Seus servos do tempo do fim, para mudar seu paradigma paternal e para acelerar sua maturidade e paixão por Jesus em face da expansão do mal.

3. A Dor do Vitupério

"Já dez vezes me envergonhastes; vergonha não tendes de endurecerdes contra mim" (19.3).

Jó sentiu a dor do estigma associado ao seu cadinho. O trauma colocou todos os seus nervos em alerta total, e agora ele sentia cada nuance das sobrancelhas levantadas, as palavras críticas, as atitudes céticas e os olhares questionadores que surgiram em seu caminho por causa da mão de Deus em sua vida.

Quando você é ferido por Deus, você anda por aí com o pressentimento constante de que as pessoas estão olhando pelas suas costas e falando sobre você. "Eu me pergunto o que ela fez de errado". Às vezes, você está apenas imaginando o que eles estão dizendo, e às vezes é mais do que apenas sua imaginação – as pessoas realmente estão olhando e se perguntando. E a razão pela qual você sabe que elas estão falando sobre você é porque você falou sobre elas quando aconteceu com elas. Mas depois de seu período no fogo, você não julgará os outros de forma tão precipitada novamente.

Aqui está a razão pela qual eles censuraram Jó: o meio pelo qual Deus promove Seus melhores servos é o mesmo meio pelo qual Ele pune os desobedientes. Para quem não tem discernimento, a mão de punição de Deus parece idêntica à Sua mão de promoção. As aflições, crise e prisões são iguais para ambos. Deus propôs que essa semelhança confundisse os que não tinham discernimento, levando-os a diagnosticar errado o que Ele está fazendo em Jó. A reprovação que decorre de seu diagnóstico incorreto é um elemento crítico na reformulação do odre de Jó.

Deus orquestra a coisa propositalmente para que os outros não saibam o que está acontecendo com você. Jó disse a respeito de seus amigos: **"Porque encobriste o entendimento ao seu coração, pelo que não os exaltarás"** (17.4). Da mesma forma, seus amigos concluem em suas próprias mentes que você estragou tudo e que Deus está descontente com você. Isso valida a decisão deles de removê-lo do ministério ou de administrar algum tipo de disciplina na igreja. Eles podem dizer: "Nós lhe amamos muito, mas enquanto você estiver lidando com essas questões em sua vida, achamos que é melhor para o seu bem que você tire um tempo do ministério". E eles realmente podem estar certos; você provavelmente precisa deixar de lado todas as distrações e passar mais tempo focado aos pés de Cristo. Mas a remoção também pode ser totalmente inválida.

Às vezes, pode ser isso o que significa compartilhar "o vitupério de Cristo" (Hebreus 11.26). Da mesma forma que os líderes religiosos pensaram que Jesus foi abandonado por Deus, os líderes de hoje podem pensar que Deus está muito descontente com você também. *Mas você não pode ter a recompensa sem o vitupério* (Hebreus 11.26).

Uma das questões estratégicas que Deus está levantando nessa questão de vitupério é como todos nós tendemos a absorver o louvor do homem (escrevo longamente sobre isso em meu livro, "As armadilhas do inimigo – como lidar com a rejeição e o louvor do homem"). Deus deseja desalojá-lo de sua necessidade carnal de obter a aprovação das pessoas. Para aperfeiçoar esta obra em seu coração, Ele fará com que aqueles que você ama e respeita lhe rejeitem e repreendam.

Alguns de vocês estão sentindo atualmente o mesmo tipo de repreensão de seus amigos que Jó sentiu dos amigos dele. O fogo deste vitupério é um instrumento essencial nas mãos de Deus para preparar seu odre para obras maiores.

4. A Dor da Visão Despedaçada

Jó lamentou: **"meus propósitos malograram-se"** (17.11). Jó está dizendo que todo objetivo visionário que ele tinha para sua vida foi subitamente dizimado. Todos os seus objetivos de vida foram destruídos, e agora era incapaz de formular uma nova visão para o futuro.

Lembro-me de quando meus pastores obreiros vieram até mim como pastor sênior e me perguntaram qual era minha visão para a nossa igreja local. Minha resposta foi: "Não tenho uma visão para a nossa igreja. Minha visão é sobreviver hoje". Imagine ter que conviver com esse tipo de liderança visionária!

Quando Deus reduz um líder que já foi visionário a um modo de sobrevivência momento a momento, a dor é incrível. Um dos propósitos de Deus neste "apagão de visão" é reconverter o paradigma de Seu servo sobre o que significa fornecer liderança visionária.

Neste lugar de dependência de Deus, o líder malogrado começa a perceber quantos de seus objetivos visionários do passado não foram recebidos do lugar de intimidade com Jesus, mas foram o resultado de sua própria criatividade ou produto de uma sessão de troca de ideias em grupo. A surpresa dessa constatação o leva a repensar seu estilo de liderança. Ele começa a ver que será muito mais frutífero na colheita se esperar até que ouça de Deus, em vez de avançar com suas próprias ideias.

É muito mais fácil ser criativo do que obediente. Porque, às vezes, Deus espera mais tempo do que gostamos. Durante o tempo que levamos para ouvir de Deus, poderíamos ter dez ideias incrivelmente criativas em execução! *Mas a verdade ponderada é esta: uma ideia recebida do trono realizará mais do que todas as nossas próprias ideias combinadas.* Além disso, implementar nossas próprias ideias criativas é um trabalho árduo; implementar ideias inspiradas por Deus é revigorante porque elas são fortalecidas pela graça abundante.

Quando olhei para trás em retrospecto ao longo dos anos durante os quais minha única visão era a sobrevivência diária, fiquei fascinado com esta observação: ser reduzido a ouvir diariamente a voz de Deus e simplesmente obedecê-Lo produziu uma colheita maior para o reino do que o trabalho de alguns que estavam articulando grandes objetivos futuristas. O lugar do propósito malogrado pode se tornar o lugar do propósito renascido.

Quando Jó conta que seus propósitos foram malogrados, ele está desabafando um grande clamor de dor. Mas também está interpretando para nós um elemento vital na reconstrução de nossos odres. O processo é excruciante, mas a intenção de Deus é que Seu servo saia do cadinho com o propósito principal de ouvir no lugar de intimidade com Deus e, então, fazer o que Ele diz. Isso está preparando o servo para a verdadeira paternidade espiritual, e esse tipo de modelo de paternidade carrega o maior potencial para uma aventura absoluta com Deus!

5. A Dor da Crise Teológica

> "Eu estava descansado, porém Ele me quebrantou; pegou-me pelo pescoço e me despedaçou; também me pôs por Seu alvo. Seus flecheiros me cercam; atravessa-me os rins e não me poupa; e meu fel derrama pela terra. Fere-me com ferimento sobre ferimento; arremete contra mim como um valente. Costurei sobre a minha pele um pano de saco e revolvi a cabeça no pó. Meu rosto está descorado de chorar, e sobre as minhas pálpebras está a sombra da morte, apesar de não haver violência em minhas mãos e ser pura a minha oração" (16.12-17).

Embora não haja violência nas mãos de Jó e sua oração seja pura, no entanto, Deus o colocou como um alvo para feridas. Jó não entende isso. Ele está em uma crise teológica agora porque tudo em que sempre acreditou desabou sobre ele e ele está tendo que repensar cada pressuposto que acreditava sobre Deus. A grande questão teológica é: "Por que Deus faria isso comigo quando estou andando em obediência, amando-O, fazendo a Sua vontade e me mantendo puro e moralmente íntegro?"

Jó, sem dúvida, compartilhou a mesma posição teológica de seus três amigos, até que entrou em sua própria crise inexplicável. Agora, não pode mais seguir a teologia padrão em que acreditava. Posso imaginar Jó dizendo a seus amigos: "Escutem, rapazes, fui professor de teologia sistemática. Eu conheço seus argumentos de dentro para fora porque uma vez acreditei neles e os ensinei. Mas não posso mais aceitar suas respostas simplistas. Deus desvendou minha teologia. E embora eu não saiba no que acreditar, sei que não acredito mais em sua teologia padronizada".

Jó encontrou o Deus que frita seus circuitos teológicos. Assim que você se sente confortável com sua compreensão de Deus, Ele aparece e destrói seus conceitos básicos de quem Ele é.

Existem poucas coisas mais dolorosas do que ter uma experiência em Deus para a qual você não tem nenhum entendimento das Escrituras. Você pensa consigo mesmo: "Se isso está na Bíblia, não sei onde está". O que Deus está fazendo aqui é desmantelando sua teologia para Se apresentar a você novamente. A Bíblia dá uma qualidade clara dos pais espirituais: "Pais, eu vos escrevo porque conhecestes Aquele que é desde o princípio" (1 João 2.13). Pais espirituais realmente conheceram a Deus – Deus em Sua eternidade, Deus em Sua soberania, Deus que é o Princípio e o Fim.

Uma coisa é aprender sobre Deus por meio de informações de segunda mão, mas Jó conheceu a Deus pessoalmente por meio de um encontro de primeira mão com Ele. Este foi um elemento essencial na reformulação do paradigma paternal de Jó. Agora ele seria pai como um homem com uma história profundamente pessoal em Deus. Jó não restringia mais Deus a um conjunto de princípios, pois conhecia a Deus em Sua personalidade infinita.

Algumas pessoas agem como se Deus estivesse limitado à Bíblia. "Se não está na Bíblia, Ele não pode fazer isso". Oh, sério? Deus não escreveu a Bíblia para Si mesmo, mas para nós. O Eterno nunca será limitado por nenhuma restrição externa, nem mesmo a Bíblia. Deus nunca agirá de maneira antibíblica, mas Ele está sempre livre para agir de uma forma suprabíblica ("além da Bíblia") – que sempre será consistente com Seus caminhos registrados na Bíblia. Pais espirituais são aqueles que conheceram a Deus em Sua glória e esplendor ilimitados, soberanos e eternos (1 João 2.13). Os pais espirituais tiveram que buscar a face de Deus com um abandono incomum por causa de sua crise teológica – e, como resultado, passaram por uma metamorfose espiritual pela qual eles são imersos no conhecimento de Deus de uma maneira nova e viva.

Não há palavras mais comoventes em todo o livro do que a declaração final de Jó: **"Com meus ouvidos eu tinha ouvido falar acerca de Ti, mas agora meus olhos Te veem. Por isso, me abomino e me arrependo no pó e na cinza"** (42.5-6). Oh, a mudança revolucionária de paradigma que advém de contemplar a Deus! Nada permanece o mesmo quando você vê a Deus! Jó foi eternamente transformado por esse encontro inefável com o próprio Deus. *Do outro lado da crise teológica está uma nova revelação de Deus.*

6. A Dor do Desarmamento

Jó grita: **"Porque Deus desatou Sua corda e me oprimiu"** (30.11). A corda é aquela parte do arco na qual a flecha é encaixada; então o arqueiro puxa a corda e dispara a flecha. Assim, a corda representa a habilidade de puxar para trás e arremessar para frente; representa a capacidade de se defender de ataques e de avançar na guerra ofensiva.

Quando a corda do seu arco está solta, você não tem capacidade de lutar. A certa altura, eu disse ao Senhor: "Senhor, se isso é um ataque do diabo, eu sou sua presa", porque eu era absolutamente impotente para me defender de um ataque espiritual. Eu só poderia me lançar à misericórdia de Deus e firmar meu amor Nele.

Existem muitos livros, vídeos e conferências sobre a guerra espiritual hoje, mas poucos discutem a realidade de como caminhar no labirinto da guerra espiritual com a corda do arco solta. Quando você está com as cordas frouxas, é incrivelmente doloroso ouvir as exortações de outras pessoas no corpo de Cristo enquanto elas lhe exortam a se levantar e lutar. Elas não entendem nem acreditam que você é incapaz de se defender agora. Nem todo mundo já experimentou essa situação de quebrantamento e fraqueza absolutos. **"Na verdade, agora me molestou"** (16.7).

Aqui está o que Deus está planejando, pelo menos em parte: "Ele quebra [seu] arco" (Salmo 46.9) por causa de sua ineficácia e incompetência na guerra espiritual. Você pensou que estava acertando o alvo muito bem, mas Ele começa a revelar que você estava realmente "virado como um arco traiçoeiro"(Salmo 78.57). Ele mostra como as flechas que você lançou no ministério estão mais fora do centro do que você imagina. *Ele pretende melhorar sua arma e, uma vez melhorada, você acertará o alvo com muito mais precisão.*

Em Zacarias 9.11-13, o Senhor mostra como Ele encarcerou Seu povo em uma prisão de esperança a fim de trazê-los como um arco poderoso em Sua mão, o qual Ele pudesse utilizar. O contexto continua chamando o Messias de Deus de "arco de guerra" (Zacarias 10.4).

Jesus reconheceu que Ele era como um arco na mão de Deus quando disse: "Quem fala de si mesmo busca sua própria glória, mas o que busca a glória Daquele que o enviou, esse é verdadeiro, e não há nele injustiça" (João 7.18). A palavra "verdadeiro" é um termo de arqueiro. Quando uma flecha voa fiel ao alvo, ela atinge o centro do alvo. Então Jesus estava dizendo: "Aquele que fala uma mensagem que se origina em seu próprio coração, fala de forma a buscar a glória para si mesmo de outras pessoas". Quando pregamos o evangelho com um desejo sutil de impressionar os outros, não seremos "verdadeiros" – nosso ministério não atingirá o centro do alvo.

"Mas o que busca a glória Daquele que o enviou, esse é verdadeiro". Somente quem busca glorificar a Deus (real e verdadeiramente) pode ser "verdadeiro" ao alvo. *Quando carregamos até mesmo o menor desejo de impressionar aqueles ao nosso redor, as flechas que usamos no ministério podem começar perfeitas, mas então, no trânsito, elas se desviam do alvo.* É porque elas não são usadas por um arco "verdadeiro".

Jesus estava lidando aqui com a questão mais fundamental que contribui para a imprecisão na guerra: o desejo sutil de ter uma boa aparência diante das pessoas. Deus lhe desarmará a fim de tratar mais fortemente em seu coração a questão de receber o louvor do homem. Uma vez curado, você se tornará perigosamente preciso na guerra espiritual.

Quando Deus afrouxou a corda do arco de Jó, Ele começou a revolucionar o paradigma paternal de Jó. No momento em que ele emergiu do cadinho, Jó estava muito mais preciso na guerra espiritual. Os ataques espirituais contra sua casa ainda aconteciam, mas ele estava equipado para lutar a guerra em nome de seus filhos de uma maneira muito mais eficaz, ajudando-os a caminhar em direção à sua herança superior.

7. A Dor do Abandono de Deus

O lamento de Jó diz tudo: **"Eis que, se me adianto, ali não está; se volto para trás, não O percebo. Se opera à esquerda, não O vejo; se se esconde à direita, não O diviso"** (23.8-9).

Jó não tem mais consciência da presença de Deus em Sua vida. Deus parece estar a mil milhas de distância e parece se recusar a ouvir os gritos de Jó. Em um sentido técnico, sabemos que Deus nunca nos deixa nem nos abandona (Hebreus 13.5), mas quando estamos no vórtice do isolamento emocional neste aspecto, torna-se muito desafiador acreditar que Deus está, de fato, conosco.

A dor desse aparente abandono de Deus é exacerbada pelo fato de que a mais doce alegria em sua vida foi a bendita consciência de Sua presença e afeto em sua vida. Você conheceu os beijos de Sua boca (Suas palavras vivas); você bebeu profundamente do vinho novo do Seu abraço. Conheceu o prazer viciante de ser cheio do Espírito Santo – beber da fonte de Deus, liberar o fluxo da linguagem celestial, deleitar-se na glória da única coisa que satisfaz o mais profundo anseio do espírito humano. Mas agora sua consciência da presença Dele foi removida (embora Ele ainda esteja lá), e você não sabe por quê.

No passado, você aprendeu que a presença Dele desapareceu por causa da sua desobediência. Quando você se arrependeu, a sensação de Sua presença foi restaurada docemente. Agora, você não pode se arrepender de volta para os braços Dele. Não importa o que você diga ou como ore, nada muda. Os céus são de bronze; suas orações permanecem sem resposta. Quando a consciência da presença de Deus desaparecer, você será tentado a desistir de orar.

Quando Deus remove a consciência de que Ele está ouvindo nossas orações, algumas pessoas ficam ofendidas com Deus. Na verdade, todos os grandes homens da Bíblia tiveram a oportunidade de ficarem ofendidos com Ele – Abraão, Jó, Davi, João Batista e muitos outros. Antes de nos qualificarmos para o maior serviço e maior frutificação, devemos passar no teste de ofensa. Ele está perguntando: "Você Me ama, mesmo que não possa sentir Minha presença?" *Ele ofende a mente para revelar o coração.*

Um dos propósitos do teste de abandono – chamado "o silêncio de Deus" – é determinar se você serve a Deus apenas por causa das boas recompensas do Seu Espírito Santo. Você O serve porque Ele satisfaz seus anseios internos e responde às suas orações? Ou você O serve porque O ama pelo que Ele é, mesmo que Ele nunca mais faça uma única coisa por você?

A secura desta estação espiritual é um fator poderoso na reconstrução do odre de Jó.

8. A Dor do Isolamento

Jó se refere repetidamente à sua solidão: **"Pôs longe de mim meus irmãos, e os que me conhecem deveras me estranharam. Meus parentes me deixaram, e meus conhecidos se esqueceram de mim"** (19.13-14). **"Irmão me fiz dos dragões e companheiro dos avestruzes"** (30.29).

Deus nos fez criaturas sociais. Por Seu desígnio, ganhamos satisfação emocional e deleite de nossa interação com o círculo de amigos que cercam nossas vidas. Existem poucas coisas mais importantes para nós na vida do que dispor e manter os amigos certos.

Mas quando você entra no cadinho de Jó, a maioria, senão todas as suas amizades, mudam. O isolamento social resultante é angustiante. Alguns de seus amigos não entendem mais você. Alguns membros de sua família se afastam de você, ou você deles. Você começa a sentir que está sofrendo sozinho, como se não pudesse mais descarregar seu coração para aqueles em quem antes confiava.

Na solidão do seu coração, você começa a clamar a Deus mais do que nunca. E isso é exatamente o que Ele estava esperando! Sua intenção é que você não se distraia com a socialização agora, mas que dedique grande parte do seu tempo ao lugar secreto. Naquele lugar tranquilo com Deus, você começará a descobrir que realmente é possível atender às necessidades sociais de alguém no quarto de oração. É realmente um prazer conversar com Deus! Deus Se tornará aquele que atende às suas necessidades sociais, liberando você para se relacionar com todos que conhece com total liberdade.

Deus lhe separará daqueles para quem Ele lhe enviará. É apenas por meio da separação que eles serão capazes de reconhecer o odre de vinho alterado de sua vida. É bem possível que você volte para esses amigos mais tarde, mas se o fizer, a natureza do relacionamento será permanentemente diferente.

Foi a separação que permitiu à família e aos amigos de Jó recebê-lo de volta em suas vidas em uma base totalmente nova (ver 42.11). Por causa dos propósitos intensificados de Deus em sua vida, ele parecia ser uma pessoa muito diferente. E ele era!

9. A Dor da Espera

Jó range os dentes e diz: **"Todos os dias de meu combate esperaria até que viesse minha mudança"** (14.14). Ele está fervorosamente comprometido em esperar em Deus, até que sua mudança venha.

Temos algumas canções que cantamos na América sobre esperar em Deus. São canções doces com melodias cadenciadas. Mas não há nada doce, afinado ou cadenciado em esperar em Deus.

Esperar em Deus é a chama mais quente. Pode ser absolutamente doloroso. Quando a temperatura está alta, todos estão observando, suas circunstâncias clamam por uma ação imediata e tudo o que Deus diz é: espere. Não fica mais quente do que isso. Por favor, não torne a canção divertida porque esperar não é divertido.

Você não pode dizer a ninguém que está esperando em Deus. Você vai para o trabalho; todo mundo sabe o que está acontecendo em sua vida, então eles perguntam o que você está fazendo a respeito. Você está calado. Como você diz àqueles incrédulos que está esperando em Deus? E você não pode contar para sua sogra. Sua família está esperando que você cresça e assuma a responsabilidade por sua vida. Mas Deus não vai deixar você agir; Ele está insistindo que você espere Nele. Isso é puro calor e pressão.

Quanto mais eu olhava para isso, mais percebia que todos os maiores santos da Bíblia tinham uma experiência em comum: todos eles tinham longos períodos de espera em Deus para o cumprimento de Sua Palavra. Esperar é um elemento crítico para levar os santos de Deus às montanhas mais altas da promoção espiritual.

Esperar é essencial se quisermos entrar no fuso horário de Deus. Seu tempo e caminhos são radicalmente diferentes dos nossos (Isaías 55.8-9), e nunca cresceremos em nossa compreensão de Seus caminhos sem a disciplina forçada da espera. Estaremos sempre frustrados com o cronograma de Deus até que estejamos imersos no conhecimento de Seus caminhos – e essa ampliação da perspectiva espiritual é impossível sem esperar muito em Deus.

Só existe uma maneira de aprender a ter tolerância e paciência: esperar. O primeiro livro escrito do Antigo Testamento (Jó) é um tratado sobre esperar em Deus. Curiosamente, o primeiro livro escrito do Novo Testamento começa com o mesmo tema. Não há como provar, sem qualquer dúvida, exatamente qual livro do Novo Testamento foi escrito primeiro. No entanto, a maioria dos estudiosos concorda, após examinar cuidadosamente as evidências, que provavelmente foi o livro de Tiago. Com isso em mente, olhe para as primeiras palavras do Novo Testamento já postas no papel:

"Tiago, servo de Deus e do Senhor Jesus Cristo, às doze tribos que andam dispersas: saúde. Meus irmãos, tende grande alegria quando passardes por várias provações, sabendo que a provação da vossa fé produz a paciência. Tenha, porém, a paciência sua obra perfeita, para que sejais perfeitos e completos, sem faltar em coisa alguma" (Tiago 1.1-4).

O Novo Testamento começa com o mesmo tema do Antigo Testamento – como suportar pacientemente enquanto é testado por várias provações. Como Jó, "caímos" em várias provações. Os justos caem, às vezes sete vezes, mas se levantam a cada vez (Provérbios 24.16). O teste produz paciência (resistência), e paciência é o que nos tornará perfeitos e completos, sem faltar nada.

Quando Deus está realmente falando sério sobre fazer uma obra rápida em um santo, Ele vai parar tudo. Todo movimento para frente é interrompido. Porque para fazer a obra mais rápida, Deus espera. Tudo para, a chama fica alta e o processo de refino é acelerado. Esperar é a chama mais quente, mas quando aceita de maneira adequada, ela se torna o catalisador para uma curva de aprendizado acelerada. O que normalmente levaria dez anos para realizar em seu coração, agora será feito em três.

O cadinho de Jó não foi medido em dias ou semanas, mas em meses (7.3; 29.2). Era necessário que o período fosse longo o suficiente para retrabalhar totalmente o odre de Jó e transformá-lo em uma paternidade espiritual genuína. Enquanto Jó esperava em Deus, aquilo que Satanás pretendia usar para derrubá-lo foi exatamente o que Deus usou para torná-lo perfeito!

10. A Dor do Terror do Senhor

> "Por isso, me perturbo perante Ele; e, quando o considero, sinto medo Dele. Porque Deus macerou o meu coração, e o Todo-poderoso me perturbou" (23.15-16).

O temor do Senhor, devidamente compreendido, é aterrorizante. Jó não temia a Deus devidamente por conta própria. Ele precisava da ajuda de Deus se quisesse ser batizado no temor do Senhor.

Quando Deus toca sua vida e tira algo de você, você experimenta o terror do Senhor. Aquele que atingiu essa pequena área de sua vida é capaz de atingir muito mais. Se Sua mão amorosa é tão dolorosa, como seria Sua mão de juízo? Estremecemos de sequer considerar isso.

Ser despertado para o temor do Senhor é estrondosamente doloroso. Falei com alguns santos que tiveram visitas de Deus singularmente notáveis em Sua santidade, e o denominador comum que eles articulam é um temor avassalador de Deus. Na iminência da santidade de Deus, eles estavam dolorosamente cientes de sua fragilidade e da impureza de suas mãos. É um medo que os abalou profundamente e não foi expresso como uma experiência agradável.

Quando algumas pessoas ensinam o temor do Senhor, elas diluem sua força. Elas dizem: "Bem, nós realmente não tememos a Deus, apenas O reverenciamos". Não, nós realmente O tememos!

Paulo escreveu sobre duas realidades que o motivaram a alcançar os perdidos como embaixador de Cristo. As duas partes a seguir estão separadas apenas por três versículos: "Assim que, sabendo o temor que se deve ao Senhor, persuadimos os homens" (2 Coríntios 5.11); "Porque o amor de Cristo nos constrange" (2 Coríntios 5.14).

Paulo foi motivado tanto pelo terror do Senhor quanto pelo amor de Cristo. O terror do Senhor o empurrou, o amor de Cristo o puxou. Ele *tinha* que pregar o evangelho! Sempre teremos falta de motivação para comover os perdidos até que conheçamos o terror do Senhor e o amor de Cristo. Pessoalmente, sinto que lamentavelmente careço em ambas as áreas e constantemente peço a Ele que me encha com o conhecimento de Seu terror e Seu amor.

Quando Deus aterrorizou Jó, isso revolucionou seu odre. Jó foi despertado para uma nova dimensão do temor do Senhor – um elemento essencial para equipá-lo para se tornar um pai espiritual eficaz.

11. A Dor do Sucesso Arruinado

"Tu derretes-me o ser" (30.22). Jó foi muito estimado em seus dias por causa das bênçãos de Deus em sua vida. Deus o tornara bem-sucedido nos negócios, de modo que Jó era incomumente rico e influente. Então, tudo desapareceu literalmente em um dia.

É profundamente doloroso quando Deus inverte o que era um padrão de sucesso e bênção na vida. Em um momento, você era visto por alguns como sendo grandemente abençoado por Deus em seu ministério; mas então, depois que Deus o lançou na mudança de paradigma, outros começaram a percebê-lo como o principal responsável pela luta e fracassos do ministério.

Conheci pessoalmente a dor de ter que renunciar a ministérios que eram significativos para mim. No caso de uma responsabilidade ministerial, fui imediatamente chamado a renunciar; em outros casos, não pude mais cumprir as expectativas razoáveis dos outros. Lentamente, muitas coisas foram eliminadas ou largadas. Eventualmente, renunciei ao pastorado depois de treze anos frutíferos.

Este cenário não se aplica apenas a posições ministeriais. Ele pode envolver a perda de sucesso ministerial, financeiro, profissional ou familiar. Nada chama nossa atenção mais rápido do que o sucesso arruinado.

Deus tem Suas maneiras de expor nossas ambições egoístas e nosso orgulho. Não vemos isso até que Ele o exponha. No calor do cadinho, de repente, vemos as motivações de nossos corações na dura realidade. A revelação é impressionante. "Senhor, de onde veio isso??" O Senhor diz: "Estava lá o tempo todo. Estou usando o fogo para trazê-lo à superfície para que você possa vê-lo".

Você não pode se arrepender de algo que não vê. Então Deus acende o fogo, traz um retrocesso em sua sucessão de sucessos e usa sua "recessão de ministério" para revelar os verdadeiros motivos do coração.

Às vezes, o seu melhor não é suficiente. Quando Deus se propõe a amaciar o seu espírito derretendo seu ser, você pode fazer tudo certo, mas as coisas ainda vão se desfazer. Quando vemos nossa área de força ou experiência começar a desmoronar, nossa tendência é recriar o cenário continuamente em nossas mentes, tentando encontrar uma maneira de fazer as coisas de maneira diferente ou melhor.

Você pode trabalhar excessivamente agora, mas este navio não vai virar. Seus melhores esforços farão muito pouco. Deus está derretendo seu ser. Ele está ferindo seu odre.

Deus estava preparando Jó para um sucesso maior do que ele jamais havia conhecido, mas, para estar preparado para a promoção, Jó precisava do esmagamento do ser derretido. Por meio da decepção esmagadora, Deus estava equipando o odre de Jó para lidar com uma temporada de vinho novo – um sucesso de uma dimensão muito mais elevada.

12. A Dor da Ausência de Canções

Considere a agonia da alma de Jó quando ele escreve: **"Pelo que se tornou minha harpa em lamentação, e meu órgão, em voz dos que choram"** (30.31). Deus substituiu a canção alegre de Jó e, em vez disso, deu-lhe lágrimas e choro.

Eu me identifico com Jó muito pessoalmente neste ponto. No momento em que este livro foi escrito, já se passaram sete anos desde que fiquei incapaz de cantar. Cantar era o centro da minha vida! Eu era pianista e líder de louvor, e frequentemente era convidado para liderar o louvor em vários eventos regionais e nacionais. Não vou nem tentar transmitir a dor emocional de ser apresentado sem uma música.

Contarei apenas uma história pessoal a esse respeito. Lembro-me de estar em um culto de louvor uma vez, quando outras pessoas ao meu redor estavam dançando, batendo palmas e se regozijando, e tudo que eu podia fazer era chorar. Pensei comigo mesmo: "Senhor, isso é muito desagradável. Eu escrevi este livro (Explorando a Adoração) que está sendo usado literalmente em todo o mundo para ensinar seu povo sobre o sacrifício do louvor. E agora que a calamidade atingiu minha vida, não consigo nem praticar o que preguei. Não tenho nenhum sacrifício de louvor; simplesmente não consigo encontrá-lo dentro de mim. Há algo terrivelmente errado com esta imagem. Senhor, por que não posso Te louvar agora, como ensinei outros a fazer? Eu sou um hipócrita? Eu devo ser muito desagradável para Ti agora".

Então o Senhor direcionou meu coração para o Salmo 103.1, "Bendize, ó minha alma, ao Senhor, *e tudo o que há em mim* bendiga o Seu santo nome!" Senti o Senhor me perguntando: "Bob, o que há dentro de você?" Eu respondi: "Senhor, tudo o que tenho são lágrimas". Ele disse: "Dê-me o que você tem".

Deus restauraria a canção de Jó, mas, nesse ínterim, a ausência de canção foi um ingrediente poderoso no recondicionamento de sua alma, preparando seu odre para algo maior.

13. A Dor da Falsa Acusação

Elifaz foi o primeiro dos amigos de Jó a falar com ele, o que sugeriria que ele era possivelmente o mais próximo dos três. Ele pode ter sido o melhor amigo de Jó. Nesse caso, isso teria tornado as acusações de Elifaz ainda mais dolorosas para Jó.

Elifaz sentia uma frustração crescente no livro. Ele não conseguia convencer Jó de seu pecado. Finalmente, depois de duas tentativas malsucedidas de construir um caso contra Jó, ele começou a fabricar acusações. Ele imaginou que Jó devia ser culpado de algo hediondo, então começou a acusá-lo dos tipos de coisas que normalmente incorreriam nesse tipo de calamidade da parte de Deus. Então ele disse a seu bom amigo: **"Porque penhoraste teus irmãos sem nenhum motivo e despojaste das vestes os que não tinham quase nada. Não deste de beber água ao cansado e retiveste o pão do faminto. Mas para o violento era a terra, e o homem privilegiado habitava nela. Despediste vazias as viúvas, e os braços dos órfãos foram quebrados. Por isso é que estás cercado de laços e te perturba um pavor repentino"** (22.6-10). Mas se alguém soubesse que todas essas coisas são mentiras, certamente seria Elifaz! Sua raiva havia prejudicado tanto seu discernimento que Elifaz começou a inventar falsas acusações contra seu amigo.

Eliú também apresentou falsas acusações contra Jó: **"Pai meu! Provado seja Jó até o fim, pelas suas respostas próprias de homens malignos. Porque ao seu pecado acrescenta a transgressão; entre nós bate palmas e multiplica suas razões contra Deus"** (34.36-37).

Falsas acusações não têm muito peso até que comecem a vir daqueles que são mais próximos de você. Então, de repente, elas se tornam catalisadores poderosos para retrabalhar seu odre.

Quando as falsas acusações vieram, Jó conseguiu proteger seu coração contra um espírito amargo. Ele foi capaz de ver que as falsas acusações faziam parte do propósito disciplinar de Deus em sua vida. É por isso que não foi difícil para ele orar por seus amigos no final do livro (42.10). Deus usou o espectro da falsa acusação para trazer Jó à paternidade.

Temos pesquisado as várias maneiras que Deus usa para renovar nosso odre e mudar nosso paradigma paternal. Criamos cada um com a frase: "A dor de ..." Agora, vamos dar uma olhada em nossa consideração final, a dor da transição constante.

14. A dor da transição constante

Jó colocou desta forma: **"Reveses e combate estão comigo"** (10.17). Jó se sentia em uma zona de guerra, com mudanças acontecendo em sua vida com regularidade incessante. Como diz o ditado popular, "A mudança constante veio para ficar".

Mas Jó não estava simplesmente falando sobre as mudanças normais que acompanham o crescimento diário. Todo mundo se depara com mudanças de algum grau literalmente todos os dias, mas não era sobre isso que Jó estava falando.

Jó estava falando sobre as tábuas do assoalho que sustentam seus pés – os elementos fundamentais da vida que nos dão uma sensação de equilíbrio emocional e mental. Ele estava dizendo: "Os lugares onde posso encontrar uma base sólida estão mudando continuamente, de modo que estou constantemente tropeçando em minha orientação para a vida e em meu senso de foco e direção". Seu cenário não parava de mudar, e a carga de estresse das transições ininterruptas estava acabando com sua alma.

Jó está sendo carregado agora por um rio que está sobre sua cabeça. Ele não pode tocar o fundo. E o rio está fluindo na fase de inundação. Ele está sendo levado por uma corrente de mudanças constantes e não pode fazer nada a respeito da direção que está seguindo. Ele perdeu o controle.

Jó ainda não entende o que Deus está fazendo nele, mas por meio desses quatorze elementos (e tenho certeza de que havia outros também), Deus está mudando a essência de sua personalidade. Seus motivos estão mudando, seus valores estão mudando, suas prioridades estão mudando. Seu conceito de paternidade espiritual está sendo reformulado. No final, ele emergirá com um paradigma inteiramente novo de paternidade, capacitando-o a criar uma geração que será radicalmente diferente de seus primeiros dez filhos.

Uma Síndrome Perturbadora

Há uma síndrome perturbadora que vem à tona com frequência nas histórias do Antigo Testamento: alguns dos pais mais piedosos criaram os filhos mais ímpios. Alguns exemplos tristes disso:

- O poderoso profeta Samuel criou filhos que eram desonestos e gananciosos (1 Samuel 8.3-5).
- Três dos filhos do rei Davi (Absalão, Adonias e Amnom) morreram prematuramente por causa de sua luxúria, raiva e ambição egoísta.
- Josafá era um rei justo, mas seu filho Jeorão era um assassino brutal que levou a nação à idolatria (2 Crônicas 21.4-11).
- Ezequias, o rei piedoso que restaurou o Templo de Adoração a Judá, gerou Manassés, que provavelmente foi o rei mais ímpio a reinar em Jerusalém.

Vale a pena mencionar, no entanto, que o inverso dessa síndrome também é verdadeiro – que Deus, em Sua graça, também chamou alguns de Seus maiores santos do abismo de uma criação ímpia. Homens como Noé, Abraão, Jônatas e Josias são uma evidência da graça de Deus – que Ele pode redimir os homens das piores origens familiares.

No entanto, é verdade que muitos dos grandes líderes espirituais da Bíblia lutaram contra a incapacidade de transmitir sua espiritualidade aos seus filhos.

Deus sempre propôs que os pais criassem descendentes piedosos. Malaquias 2.15 explica que a razão de Deus unir um casal é porque "Ele buscava uma semente de piedosos". *Deus deseja fervorosamente que as alturas espirituais alcançadas por uma geração se tornem a plataforma a partir da qual a próxima geração se impulsione para alturas ainda maiores em Deus.*

Jó lutou com a mesma síndrome, no entanto. Ele não conseguia incendiar seus filhos com sua própria paixão por Deus. Estamos agora nos aproximando do cerne do livro de Jó, a questão central em torno da qual tudo no livro gira.

O significado da provação de Jó é visto na diferença entre seus primeiros dez filhos e seus segundos dez filhos. Uma comparação entre os dois conjuntos de filhos ilumina sobre o que o livro se trata.

O primeiro conjunto de filhos de Jó eram animais festeiros. Eles estavam desperdiçando as bênçãos de Deus em comodismo próprio, pois pensavam: "Deus gosta muito do papai. Deus ouve papai. Papai vai oferecer um sacrifício por nós; ele vai se certificar de que estamos todos alinhados com Deus. Então festejemos!" O problema deles, em poucas palavras, era a passividade espiritual.

O segundo conjunto de filhos de Jó, no entanto, era radicalmente diferente. Eles eram notáveis em beleza espiritual, caráter e integridade (ver capítulo 42). E a diferença entre os dois grupos de filhos era Jó. Deus mudou o homem. Jó não precisava tentar ser um pai melhor; ele estava apenas sendo ele mesmo. Mas ele foi tão radicalmente mudado pelo cadinho que emergiu como um verdadeiro pai espiritual.

A história de Jó ilustra um poderoso princípio bíblico: *quando Deus visa uma geração, Ele começa preparando a geração anterior.* Para elevar uma geração escolhida, Deus prepara os pais (e mães).

O perfil de Jó não é o único a ilustrar essa verdade. Este princípio também é representado graficamente no encontro de Jacó com Deus em Peniel. Deus encontrou Jacó em Peniel para mudar seu paradigma paternal. Deixe-me explicar.

Peniel

Peniel foi o local onde um Homem celestial apareceu a Jacó e lutou com ele a noite toda (Gênesis 32.24-32). Quando a manhã começou a raiar, Jacó não quis soltar do Homem, então Ele tocou Jacó em seu quadril. Jacó mancou daquele dia em diante. O mancar de Jacó representa a marca de Deus no homem que lutou pela noite escura da alma e saiu mudado. O Homem também mudou o nome de Jacó para Israel. Mas eu quero que você veja que Peniel não era tanto sobre Jacó, mas sim sobre José.

A avaliação de desempenho de Jacó como pai não era muito boa. Seu primeiro filho, Rúben, deitou-se com a concubina de Jacó; seus próximos dois filhos, Simeão e Levi, tinham sangue quente. Seus temperamentos os levaram a assassinar uma comunidade inteira de homens. Seu quarto filho, Judá, tinha problemas com prostitutas. E Deus disse: "Isso não está indo na direção certa. Se você continuar neste curso, Jacó, nunca terei o José de que preciso para os Meus propósitos. Vou mudar o seu andar". Então Deus interceptou a vida de Jacó e renovou seu odre.

Peniel mudou Jacó dramaticamente. Por causa de seu quadril atrofiado, ele teve que vigiar cada passo. Se ele desse uma virada descuidada, sua perna danificada poderia sair de baixo dele e ele acabaria no chão. Então agora Jacó cuidadosamente planejava cada movimento. A cada passo como pai, ele clamava a Deus por ajuda e sabedoria. Não precisamos de pais que saibam o que estão fazendo; precisamos de pais que perderam sua autoconfiança e ganharam uma profunda hesitação e dependência de Deus para cada movimento que fazem.

Em segundo lugar, o nome de Jacó foi mudado para Israel. "Jacó" significa "Malandro" ou "Enganador" e Israel significa "Príncipe de Deus". Jacó pode ter mancado, mas o fez de cabeça erguida. Ele viveu com a consciência pessoal de que Deus gostava dele e o favorecia e que ele foi escolhido para uma bênção única. Ele entendeu sua fraqueza (mancar), mas também entendeu o que Deus o estava fazendo ser, um Príncipe Com Deus. O paradigma paternal de Jacó foi revolucionado.

A razão da dor de Jacó por Peniel foi porque Deus precisava de um José. E, para obter um José, Deus precisava de um pai que pudesse criar um José. Então Deus visitou Jacó. Josés não acontecem por acaso; eles são gerados. Os irmãos mais velhos de José foram gerados por Jacó, mas José foi gerado por Israel. Agora, Israel foi capaz de implantar um depósito de fé em seu filho que permitiria a José perseverar na escravidão e na prisão.

Se Jacó tivesse conhecido uma bênção ininterrupta, ele não estaria equipado para preparar José para a escravidão e a prisão. Jacó tinha Peniel; José tinha a prisão. Ao tentar interpretar sua prisão, José poderia olhar para trás, para o Peniel de seu pai e começar a juntar as peças de um entendimento inicial dos caminhos de Deus. Esta é uma das principais qualidades da paternidade espiritual: *os pais espirituais legam à próxima geração um exemplo e um padrão que capacita a próxima geração a cooperar com os processos de formação de Deus.*

Preparação Para o Tempo do Fim

Deus fez em Jó a mesma coisa que fez em Jacó em Peniel. Ele usou a calamidade de Jó para prepará-lo para uma dimensão totalmente nova de paternidade espiritual. No início do livro, Jó era um pai ineficaz. No final do livro, ele está efetivamente transmitindo um legado fantástico a seus filhos, catapultando-os para sua emocionante herança espiritual e caminhada com Deus.

A história de Jó é uma parábola viva de como Deus trabalhará na vida de Seus servos na última hora. Jó é um precursor profético, que revela a natureza das estratégias de Deus no tempo do fim, para elevar pais espirituais com grande unção e fecundidade.

A história redentora registrada começa com um homem que foi afligido a fim de suscitar uma geração piedosa; da mesma forma, a história da redenção terminará com uma geração de líderes que virão ao apostolado por meio da aflição. Esses apóstolos serão equipados para suscitar uma geração piedosa que dará início à segunda vinda de Cristo.

Haverá uma geração que estará na Terra quando Cristo retornar, e será uma geração fervorosa que está avançando em sua herança espiritual com violência (Mateus 11.12) e tenacidade. Jesus está empenhado em preparar Sua noiva e torná-la sem mancha ou ruga, ou qualquer coisa semelhante, em preparação para Seu retorno. Para obter o tipo de geração que invadirá o reino com determinação violenta, Deus visitará os pais. Ele produzirá uma geração de Jó que será equipada para elevar a noiva de Cristo no tempo do fim.

"O primeiro será o último". O primeiro livro da Bíblia já escrito se torna o protótipo dos caminhos de Deus na última hora.

É muito importante que Jó não tenha sido apenas afligido, ele também foi curado. Ele não foi apenas mudado, ele recebeu um testemunho. Jó teve uma experiência pessoal com o poder de ressurreição de Deus. Assim, as demonstrações do poder da ressurreição acompanharão os apóstolos do tempo do fim, pois "as credenciais do apostolado" (2 Coríntios 12.12) serão novamente restaurados à igreja.

Deus vai restaurar incríveis manifestações de poder aos Seus servos dos últimos dias, mas não o fará sem primeiro levá-los ao cadinho de Jó. A dor do cadinho de Jó tem um grande propósito. Deus pode confiar as dimensões superiores da autoridade do reino apenas aos vasos que foram temperados, quebrados e purificados no cadinho de Jó. Deus dará Seu poder apenas para vasos seguros. Ele não pode confiar os dons de poder aos inquebráveis. Aqueles que conhecem grandes vitórias sem serem quebrantados desenvolvem um espírito triunfal, e é intolerável viver com eles. Os apóstolos do tempo do fim terão sido esmagados primeiro, de modo que as manifestações de poder serão misturadas com o perfume da humildade, compaixão e dependência desesperada.

O processo será doloroso, mas o cadinho de Jó produzirá algo glorioso: líderes e servos a quem foi confiada a autoridade para realizar as obras maiores, a fim de levantar uma geração do tempo do fim que busca sua herança espiritual com violência. Esta é a noiva para a qual Jesus está voltando!

16

As Três Filhas de Jó

"Também teve sete filhos e três filhas. À primeira filha deu o nome de Jemima; à segunda, Quézia; e à terceira, Quéren-Hapuque. Em toda a terra não se achavam mulheres tão formosas como as filhas de Jó, e seu pai lhes deu herança entre seus irmãos" (42.13-15).

Eu fiz esta pergunta: por que a Bíblia dá os nomes das filhas de Jó, e não de seus filhos? Isso não tem paralelo nas Escrituras. Normalmente, nas cronologias bíblicas, recebemos os nomes dos filhos, às vezes obtemos os nomes dos filhos e das filhas, mas nunca recebemos os nomes das filhas sem os nomes dos filhos. Essa passagem em Jó é única. Qual é o seu significado?

Aqui está a resposta: as filhas de Jó representam a noiva do tempo do fim. Jó foi equipado para nutrir e elevar a noiva de Cristo no tempo do fim.

Em preparação para Seu retorno, Jesus está despertando Sua igreja para sua identidade nupcial. As Escrituras usam muitas metáforas e analogias para descrever quem somos coletivamente como igreja. Somos chamados de templo, edifício, exército, corpo, noiva, irmandade, sacerdócio, nação sagrada, montanha, etc. De todas as imagens que nos ajudam a compreender quem somos em Cristo, a imagem nupcial é a mais completa e o mais sublime.

A última coisa que a Bíblia nos chama é a noiva – "E o Espírito e a noiva dizem: Vem!" (Apocalipse 22.17). Nossa identidade do tempo do fim estará envolvida, mais do que em qualquer outra representação, em sermos a noiva de Cristo.

Para que a igreja possua sua identidade nupcial, o Espírito de Deus tem Sua obra planejada para Ele. Agora mesmo, muitos na igreja estão mais conscientes de nossa identidade como exército ou como corpo. Essas imagens são maravilhosas e instrutivas para nós, mas não são a representação mais elevada de nossa identidade. É verdade que Jesus está voltando para um corpo e para um exército; mas, acima de tudo, Ele está voltando para Sua noiva.

Quando Jesus olha para nós, Ele vê um exército? "Esses são alguns guerreiros poderosos; eles vão realmente Me ajudar a vencer esta guerra!" Ou Ele vê um corpo? "Eu amo esses rins, este Meu corpo realmente funciona muito bem para Mim". Não, quando Jesus olha para nós, Ele vê uma noiva pela qual anseia apaixonadamente. "Você é Meu amor, Minha querida, Minha noiva; você é absolutamente deslumbrante aos Meus olhos! Não posso esperar até que estejamos juntos na consumação completa do plano do Pai!"

É importante que passemos a nos ver primeiro como uma noiva e depois como uma trabalhadora. Esta é a ordem correta dos dois grandes mandamentos. *Se agirmos como guerreiros que amam, vamos nos queimar de exaustão do ministério; mas se despertarmos para nossa identidade como uma noiva que guerreia, descobriremos a verdadeira realização e destino.* Aqueles que agem como um trabalhador que ocasionalmente ama acabarão por se esgotar; aqueles que se entregam primeiro ao afeto nupcial pelo Senhor Jesus, e depois vão trabalhar por um motivo de amor puro, serão capazes de recorrer constantemente ao recurso interno desse relacionamento de amor duradouro. Não importa o quão perigosa a guerra fique, eles terão a graça de perseverar.

Uma Herança Compartilhada

"E seu pai lhes deu herança entre seus irmãos" (42.15). Esse versículo está dizendo que a noiva do tempo do fim permitirá que as irmãs obtenham sua herança completa junto com os irmãos. Este versículo está sugerindo que, antes de Jesus voltar, a igreja finalmente entenderá isso.

Estou falando sobre a questão das "mulheres no ministério". Tenho lutado com o testemunho bíblico da função única das mulheres no ministério, assim como a maioria de nós. Tenho agonizado com muitos outros sobre as palavras gregas que são usadas e seu significado. Pessoalmente, não sinto que tenha qualquer resposta para os dilemas que acompanham este assunto. Mas esse versículo sugere que Deus vai nos dar uma compreensão mais completa que, em minha opinião, ainda não se manifestou.

Todos nós sofremos com o fato de que, em meio aos dilemas que cercam essa questão, muitas das irmãs no corpo de Cristo perderam, abandonaram, foram negadas, ficaram sem ou perderam sua herança. Isso vai mudar. Não tenho ideia de como será, mas vamos entender isso antes que tudo acabe.

E não serão as filhas se afirmando, exigindo sua herança. Nem serão os irmãos dando a herança às irmãs. Em vez disso, serão os pais liberando a herança compartilhada para as filhas. *Deus mudará os pais do tempo do fim no cadinho de Jó de tal forma que eles terão autoridade e sabedoria para liberar para as filhas suas heranças.* Quando os pais dão a herança às filhas, os irmãos não podem fazer objeções. Os pais têm o direito de distribuir a herança como bem entenderem.

Embora as filhas não exijam sua herança, é apropriado que elas peçam uma herança. Deixe o espírito de Acsa, filha de Calebe, vir sobre as filhas do tempo do fim. Acsa pediu ao pai uma herança maior. Basicamente Acsa disse: "Ei! Por que eu deveria contentar-me com a herança frágil de meu marido simplesmente porque sou uma mulher? Meu pai é Calebe! Deus deu ao meu pai uma herança incrível! E eu quero um pouco disso!" Assim, ela incitou seu marido Otniel a pedir a Calebe um terreno, o qual ele lhe deu. Mas ela ainda não estava satisfeita; ela mesma voltou para Calebe e pediu por fontes de água. Ela queria uma fonte de água para a terra que havia herdado. Ela se aproximou de seu pai com muito respeito, o que é demonstrado por ela desmontar de seu jumento para falar com seu pai (Josué 15.18); ela não era impetuosa ou desrespeitosa. Mas seu coração ardia pela herança de seu pai. E Calebe, na generosidade de seu espírito, deu a ela uma porção dupla – tanto as fontes superiores quanto as inferiores. "Você não tem porque não pediu".

Jemima

Os nomes das filhas de Jó são altamente significativos. Nos tempos antigos, os nomes eram atribuídos às crianças de acordo com sua personalidade ou qualidades de caráter. Assim, os nomes das três filhas de Jó são descritivos das qualidades da noiva do tempo do fim. Ao examinar o significado de seus nomes, veremos as três qualidades notáveis da noiva de Cristo no tempo do fim.

Há alguma variação entre as fontes quanto ao significado do nome de Jemima. Uma fonte aponta para dois significados possíveis: "uma pomba" ou semelhante a uma pomba; e também inclui a ideia de "dia"[10]. Assim, James Moffatt a traduz como "Pombo do Bosque". A Vulgata[11] a chama de "Dia". O Comentário de Clarke traduz como "dias após dias", adicionando esta citação do texto caldeu: "Ele chamou a primeira Jemima, porque ela era tão bela quanto o dia"[12].

O significado mais comum de Jemima é "Tão Bela quanto o Dia". A inflexão de Clarke de "dias após dias" também é relevante, pois quero sugerir que o significado do nome de Jemima aponta para *a maturidade da noiva do tempo do fim*.

Jemima representa a noiva de Cristo em sua plena maturidade, preparada e pronta para o dia do seu casamento. Ela vai se casar com o Rei dos reis, e Ele merece uma noiva que seja madura e crescida em todos os sentidos.

Imagine um homem, no dia do casamento, levando a noiva para a suíte do hotel. Ao abrir a mala, ela tira suas bonecas Barbie e começa a colocá-las para brincar. Imagine a angústia do homem! Ele não sabia com quem se casou! Ele pensou que estava se casando com uma mulher

---

10 O Comentário Homilético do Pregador, Volume 10, p. 281.
11 NT: tradução latina da Bíblia feita por São Jerônimo, que foi declarada a versão oficial da Igreja romana pelo Concílio de Trento.
12 O Comentário Bíblico de Clark, Volume II, p. 193.

de seu próprio nível de maturidade, e aqui está ela em sua noite de núpcias, tirando suas bonecas de infância.

Jesus não quer que esse tipo de coisa aconteça com Ele. Ele quer Se casar com uma noiva que pense como Ele, que tenha as mesmas opiniões que Ele, que compartilhe Seus valores e sonhos, que seja capaz de compartilhar um relacionamento em concordância. Ele deseja e merece uma noiva madura.

A passagem de Efésios 4.13-15 é que a noiva de Cristo "chegue à unidade da fé e ao conhecimento do Filho de Deus, à plena virilidade, à medida da estatura da plenitude de Cristo; para que não sejamos mais meninos, inconstantes, levados em redor por todo vento de doutrina, pelo engano dos homens que com astúcia induzem ao erro. Antes, seguindo a verdade em amor, cresçamos em tudo naquele que é a cabeça, Cristo".

Quando as Escrituras descrevem a noiva com quem Jesus Se casará, elas descrevem uma noiva de incrível maturidade e prontidão. Quando olhamos para a igreja hoje, ela parece ser tão imatura e mal preparada. Então, o que Deus fará para preparar a noiva para Seu Filho?

A resposta, creio eu, é encontrada no contexto da citação acima, o contexto sendo: "Ele próprio deu uns para apóstolos, outros para profetas, outros para evangelistas e outros para pastores e doutores, visando o aperfeiçoamento dos santos para a obra do ministério, para edificação do corpo de Cristo" (Efésios 4.11-12). *Veja como Deus vai preparar a noiva: Ele vai levar Seus cinco ministérios pelo deserto de Jó.*

Quando os apóstolos, profetas, evangelistas, pastores e professores de Deus tiverem passado pelo cadinho de Jó, eles serão sobrenaturalmente habilitados para equipar e preparar a noiva do tempo do fim. Haverá tal intensificação da graça em suas próprias vidas que eles serão vasos que o Senhor pode usar para apressar a noiva em uma prontidão amadurecida para o retorno de Cristo.

Jemima representa a beleza desta noiva do tempo do fim para Cristo. Ao contemplá-la, Ele fica surpreso e fascinado. Ele diz: "Pai, o Senhor Me prometeu uma noiva com quem Eu poderia Me relacionar, uma noiva que se conectaria Comigo no Meu nível de maturidade. E agora Eu a vejo! Ela é linda, Pai! Obrigado!"

Quézia

Não há discrepância alguma entre os estudiosos da língua hebraica quanto ao significado do nome de Quézia. Todos eles concordam; Quézia é a flor de Cássia. Cássia é uma bela fragrância mencionada em alguns lugares na Bíblia.

Há um salmo que é o homólogo do Livro dos Salmos ao Cântico de Salomão – Salmo 45. O Cântico de Salomão, trata do casamento da noiva com o Rei. O Salmo 45 menciona cássia ao descrever o Rei: "Todas as Tuas vestes cheiram a mirra, aloés e cássia" (Salmo 45.8).

Mirra e aloés eram comumente usados como especiarias funerárias, e são especificamente nomeadas como usadas para nosso Senhor Jesus em Sua morte (João 19.39). Portanto, o Salmo 45.8 se refere à morte de Cristo. Cássia era uma das fragrâncias que denotavam a consagração total de Cristo aos propósitos do Pai, até mesmo a morte. Assim, Quézia (ou Cássia) é uma referência à consagração da noiva do tempo do fim. Sua vida está tão totalmente submetida ao Reino e à vontade de Deus que ela não ama sua vida mesmo diante da morte (Apocalipse 12.11). Ela não guarda nenhuma reserva em seu coração sobre fazer a vontade Dele. O martírio é uma honra, um privilégio, uma promoção. Então ela se entrega para obedecer à voz de seu Senhor, custe o que custar.

Este foi o grande clamor do apóstolo Paulo:

"Na verdade, tenho também por perda todas as coisas, pela excelência do conhecimento de Cristo Jesus, meu Senhor, por amor do qual abri mão de todas as coisas e as considero como esterco, para que possa ganhar Cristo, e seja achado Nele, não tendo justiça própria, que vem da lei, mas a que vem da fé em Cristo, a saber, a justiça que vem de Deus pela fé, para conhecê-Lo, e à virtude da Sua ressurreição, e à comunhão de Suas aflições, sendo feito conforme Sua morte; para ver se de alguma maneira posso chegar à ressurreição dentre os mortos" (Filipenses 3.8-11).

Esta noiva está tão entregue aos propósitos de Deus que não só está *disposta* a aceitar a morte, ela até *anseia* ser "feita conforme Sua morte", para que possa compartilhar o deleite fervoroso de conhecer seu Amado. Isso está apontando para os muitos mártires que entregarão suas vidas até a morte como uma fragrância para Deus nos últimos dias. O martírio agora está aumentando em todo o mundo, mas florescerá ainda mais à medida que o retorno de Cristo se aproxima.

Mas não há autopiedade com esta noiva. Ela tem sido totalmente decidida quanto ao fato de que é chamada para ser um perfume entre aqueles que estão se perdendo (2 Coríntios 2.15), e se isso significa ser oferecida por libação pela fé de outros (Filipenses 2.17), ela não hesita. Ela é totalmente Dele.

Quéren-Hapuque

O significado de Quéren-Hapuque é muito mais difícil de interpretar do que os nomes de suas duas irmãs. Existem duas palavras aqui. Vamos começar olhando para "Quéren".

"Quéren" tem dois significados igualmente válidos: "chifre" ou "raio". O significado pretendido pode ser determinado apenas pelo contexto. Curiosamente, o contexto não nos ajuda neste caso. A maioria dos comentaristas inclina-se para o significado de "chifre", mas outros insistem em "raio". Pessoalmente, acho que ambos os significados podem ter valor e relevância.

O significado de Quéren como "chifre" também pode ser interpretado de duas maneiras diferentes. Em primeiro lugar, o termo "chifre" foi usado na linguagem militar para significar "poder" ou "força". Assim, pode-se ver a linguagem da guerra no nome de Quéren-Hapuque. Ou "chifre" era mais comumente usado para se referir a um frasco ou recipiente oco. Ou alguns o relacionaram com uma cornucópia – "um chifre da abundância". Assim, pode-se ver a imagem da abundância.

"Quéren" também pode ser traduzido como "raio". É esse significado que, sem dúvida, é pretendido em Êxodo 34.29-30 quando diz "a pele do rosto de Moisés resplandecia". Raios de luz realmente irromperam do rosto de Moisés. Que glória! E que bela imagem da luz que emana da noiva do tempo do fim!

Agora, vamos para o significado da segunda palavra em seu nome, "Hapuque". A palavra técnica para Hapuque é "Estíbio", uma tinta antiga feita originalmente de algas marinhas e, posteriormente, de antimônio. Essa tinta era usada pelas mulheres orientais ao redor dos olhos, como no caso de Jezabel (2 Reis 9.30). Esta pintura para os olhos foi pensada para tornar os olhos de uma mulher grandes, brilhantes e bonitos. Foi aplicado nos cílios, pálpebras e sobrancelhas, fazendo com que os cílios parecessem longos e escuros e acentuando o brilho dos olhos[13].

"Hapuque" tem ainda outro uso interessante da Bíblia. É traduzido como "*turquesas*" na Versão King James de Isaías 54.11: "Ó cidade aflita, açoitada por tempestades e não consolada, Eu te edificarei com *turquesas*, edificarei teus alicerces com safiras". Nesta referência, a palavra realmente se refere ao *cimento* que foi usado para colar as pedras umas às outras. Era um cimento colorido, altamente ornamental, usado para realçar a beleza de uma estrutura.

Portanto, ao colocar "Quéren" e "Hapuque" juntos, encontramos uma variedade interessante de opiniões entre os estudiosos quanto ao significado correto de seu nome. Talvez o mais comum seja "Chifre de Antimônio" (de acordo com a Vulgata) ou "Chifre de Estíbio" (Notas de Barnes). Usando essa linha de tradução, uma versão mais moderna poderia ser "Frasco de Rímel".

O comentário de Clarke chama de "o chifre invertido ou derramando, cornucópia, o chifre da abundância"[14]. James Moffatt a chamou de "Perfume de Maçã". O texto caldeu diz: "Ele chamou a terceira de Quéren-Hapuque, porque seu rosto era tão esplêndido quanto a esmeralda". O Comentário Homilético do Pregador defende "o Chifre da Pintura" ou "o Chifre Invertido"[15]. Fount Shults[16] favorece o "Raio da Beleza".

Parece improvável que algum dia venhamos a encontrar um significado definitivo para o nome dela. Mas a imagem dos vários significados é consistente: há realce de beleza, luz, esplendor e olhos brilhantes em seu nome.

Portanto, estou sugerindo que o nome de Quéren-Hapuque aponta para a glória da noiva do tempo do fim. Esta noiva é radiante de beleza, e ela tem um fogo em seus olhos por apenas Um – seu amado Noivo, o Senhor Jesus. Há uma glória emanando de sua vida que não pode ser negada, mesmo por seus inimigos.

---

13 Barnes, Albert. As Notas de Barnes, Jó, pp. 275-276.
14 O Comentário Bíblico de Clark, Volume III, p. 193.
15 O Comentário Homilético do Pregador, Volume 10, p. 282.
16 NT: Fount Shults é professor da Universidade de Agder, Departamento de Religião, Filosofia e História.

"Para apresentá-la a Si mesmo uma igreja gloriosa, sem mácula, nem ruga, nem coisa semelhante, mas santa e irrepreensível" (Efésios 5.27). Ela irradiará uma glória que até o mundo reconhecerá!

Antes que tudo acabe, Deus removerá o opróbrio da igreja. Temos sido chamados de "irrelevantes", "pudicos" e "impotentes". Mas Jesus vai cumprir a palavra profética: "não vos entregarei mais ao opróbrio entre as nações" (Joel 2.19). A noiva de Cristo será gloriosa diante de todo o céu e terra.

A noiva do tempo do fim estará totalmente madura (Jemima). Ela será uma fragrância de consagração até mesmo diante da morte (Quézia). E ela será visivelmente gloriosa, radiante de beleza (Quéren-Hapuque).

Senhor, levante uma geração de Jó que terá o poder de preparar este tipo de noiva do tempo do fim!

17

As Conquistas de Jó

Jó atravessou o vale e obteve algumas bênçãos maravilhosas no topo da montanha. Frequentemente, queremos o topo da montanha de Jó sem o cadinho de Jó. Queremos o que Jó alcançou, mas não queremos a peregrinação para essa conquista. Mas há muitos hoje que estão recebendo uma fome insaciável pelas coisas superiores. Eles são abençoados; estão felizes; eles estão transbordando, no entanto, estão de alguma forma vazios. Eles não estão satisfeitos. Eles sabem que deve haver mais. Eles querem a revelação de Deus que Jó teve. E estão dispostos a pagar o preço.

Neste capítulo, vamos resumir as coisas gloriosas que Jó alcançou porque permaneceu fiel a Deus na maior crise de sua vida.

Riqueza e Honra

Primeiro, mas de menor importância, Jó foi restaurado para uma riqueza, honra e influência ainda maiores. Na verdade, Jó é recompensado no final com uma bênção dupla. Compare seus bens no início do livro com aqueles no final do livro:

- **"Possuía sete mil ovelhas, três mil camelos, quinhentas juntas de bois e quinhentas jumentas. Contava também com muitíssima gente ao seu serviço, de maneira que era este homem maior do que todos os do Oriente"** (1.3).
- **"Assim, o Senhor abençoou o último estado de Jó mais do que o primeiro, porque ele teve catorze mil ovelhas, seis mil camelos, mil juntas de bois e mil jumentas"** (42.12).

A aritmética simples calcula que os bens de Jó após seu livramento eram o dobro do que ele tinha antes de sua calamidade. Isso é consistente com o testemunho da Escritura: "Em vez de tua vergonha, tereis dupla honra e em vez de confusão eles se regozijarão com sua porção. Portanto, em sua terra possuirão o dobro; alegria eterna será deles" (Isaías 61.7).

Veja esta passagem convincente: "Quanto a ti, ó Sião, por causa do sangue da tua aliança, tirei teus cativos da cova em que não havia água. Voltai à fortaleza, ó presos de esperança; também hoje anuncio que vos recompensarei em dobro" (Zacarias 9.11-12). O Senhor fala de uma dupla restauração aos exilados de Sião que eram prisioneiros de esperança na Babilônia. Embora presos em um país estrangeiro, eles carregavam a esperança do retorno prometido por Deus à fortaleza de Sião. Porque eles mantiveram seus corações puros nesta esperança (1 João 3.3), o Senhor lhes garantiu que eles sairiam de sua prisão com uma porção dobrada. A tradução literal de Jó 42.10 é: "**O Senhor tirou o cativeiro de Jó, quando ele orava pelos seus amigos**". Portanto, a provação de Jó é chamada de prisão. Quando Jó foi libertado de sua prisão, o Senhor derramou uma dupla bênção em sua vida.

Houve uma restauração da vida social de Jó, que é descrita em Jó 42.11 – "**Então vieram a ele todos os seus irmãos, todas as suas irmãs, todos quantos dantes o conheceram, comeram com ele pão em sua casa**". Depois de meses de solidão sombria, Jó mais uma vez foi procurado e seu tempo passou a ser exigido. (Observação: se você estiver entediado na prisão, aproveite seu descanso; uma vez liberto, você estará mais ocupado do que nunca.)

Por meio das bênçãos de Deus, Jó foi reintegrado em seu antigo lugar de honra entre seus contemporâneos e foi promovido a um lugar de influência ainda maior do que antes. Deus vindicou Seu servo que era fiel a Ele.

Mudança de Caráter

Em segundo lugar, Jó mudou profundamente seu caráter e personalidade. O deserto mudou a maneira como ele pensava; mudou seus valores, sua perspectiva sobre o reino de Deus, como ele via a vida.

Jó ressurgiu como um gigante da fé. "Para que a prova da vossa fé, muito mais preciosa do que o ouro que perece e é provado pelo fogo, se ache em louvor, honra e glória na revelação de Jesus Cristo" (1 Pedro 1.7). Quando nossa fé passa pelo fogo, ela se torna muito preciosa para Deus. Quando Deus vê uma fé que acredita Nele mesmo quando tudo está sombrio, esse tipo de fé toca Seu coração como nada mais. É tão bela para Ele que Se empenha em melhorá-la. *Quando Deus encontra um Jó que vai confiar Nele em face de circunstâncias opressivamente opostas, o coração de Deus é movido além da medida.* Então Deus restaurou Jó com uma fé totalmente refinada. **"Prove-me, e sairei como o ouro"** (23.10).

O deserto também mudou a maneira como ele foi pai. Seu primeiro conjunto de filhos perdeu a herança por causa da "passividade espiritual", mas Jó foi tão mudado pelo cadinho que ele foi capaz de criar seu segundo grupo de filhos de tal forma que eles se tornaram uma geração espiritualmente proativa e agressiva – com paixão por sua herança.

Isso fala profeticamente da última hora. *Deus levará Seus servos através do cadinho de Jó para que sejam equipados para levantar uma geração do tempo do fim que buscará sua herança espiritual com a força do reino* (Mateus 11.12). Praticamente a todas as gerações foi oferecida a herança do tempo do fim, mas por meio da passividade, cada geração continua a dizer não, mesmo neste momento. Mas há uma geração que dirá sim e será preparada para essa consagração maior pelos pais que foram transformados no cadinho.

As mudanças de caráter de Jó são evidenciadas em suas palavras finais no livro:

"Então respondeu Jó ao Senhor: Bem sei que tudo podes, e nenhum dos Teus pensamentos pode ser impedido. Quem é aquele, Tu dizes, que sem conhecimento encobre o conselho? Por isso, falei do que não entendia; coisas que para mim eram maravilhosíssimas e que eu não compreendia. Escuta-me, pois, e falarei; eu Te perguntarei, e Tu me responderás. Com meus ouvidos eu

tinha ouvido falar acerca de Ti, mas agora meus olhos Te veem. Por isso, me abomino e me arrependo no pó e na cinza" (42.1-6).

"Bem sei que tudo podes" – a fé de Jó estava mais forte e mais pura do que nunca. Ele saiu com grande confiança no poder soberano de Deus! Foi desta purificação da nossa fé que Pedro falou quando escreveu: "para que a prova da vossa fé, muito mais preciosa do que o ouro que perece e é provado pelo fogo, se ache em louvor, honra e glória na revelação de Jesus Cristo" (1 Pedro 1.7). Os apóstolos do tempo do fim farão demonstrações extraordinárias de fé, mas será uma fé que foi severamente testada e provada verdadeira no cadinho. Eles sofrerão grande aflição, serão transformados no processo e também serão libertos pelo poder de Deus, qualificando-os para administrar essa mesma graça a outros.

"E nenhum dos Teus pensamentos pode ser impedido" – este versículo articula uma grande tensão entre a fé que move a mão de Deus e o entendimento de que Deus age soberanamente de acordo com Seus propósitos. Os apóstolos do tempo do fim não apenas farão grandes demonstrações de fé, mas também possuirão uma grande consciência de que Deus opera por meio do propósito divino. Quando Deus decide fazer algo, nada pode impedir Seu propósito; e quando Ele Se propõe a reter algo, nenhuma postura de fé pode mudar Sua mente. *As dimensões mais elevadas da fé serão confiadas àqueles que aprenderam a ser parceiros de Deus no cumprimento de Seus propósitos na Terra* (em oposição a cumprir seu próprio objetivo de construção de ministério).

"Por isso, falei do que não entendia; coisas que para mim eram maravilhosíssimas e que eu não compreendia" – Jó saiu do cadinho com um profundo apreço por sua própria finitude, suas limitações, seu nada sem Deus. Embora tenha sido refinado como um vaso útil para propósitos nobres na casa de Deus (2 Timóteo 2.21), ele foi tão quebrantado nas mãos do Oleiro que carregou consigo as marcas desse quebrantamento para a mais nobre das atribuições.

Cura

Das conquistas do topo da montanha de Jó, em terceiro lugar, ele foi curado. "**O Senhor mudou a sorte de Jó, quando ele orava pelos seus amigos**" (42.10). Jó não simplesmente fez a transição para um estilo de vida melhor; Deus soberanamente o visitou e o curou. Jó experimentou o poder miraculoso e sobrenatural de Deus.

A cura de Jó é absolutamente crítica para a mensagem do livro e um ingrediente vital para entender como o livro fala à geração do tempo do fim. Eis por que sua cura é tão crucial: Jó recebeu um testemunho para a próxima geração.

É imperativo que os jovens vejam o poder da ressurreição de Deus em sua geração. Podemos falar sobre como Deus curou nossa avó ou sobre o que Deus fez em 1965. E a história pode ser rica, mas não é boa o suficiente para esta geração do século XXI. Eles têm que ver o poder de Deus por si mesmos.

Este foi um dos elementos críticos que distinguiu o segundo conjunto de filhos de Jó de seus primeiros filhos. Seu segundo grupo de filhos foi testemunha do poder de Deus; eles tinham um testemunho da visitação de Deus a seu pai, algo que os primeiros dez filhos de Jó não tiveram. Eles foram participantes de primeira mão na realidade de que Deus liberta os justos. O poder de ressurreição demonstrado por Deus queimou algo no segundo grupo de filhos de Jó que os capacitou a ascender à verdadeira grandeza e beleza espiritual.

Por favor, deixe-me compartilhar uma história pessoal com você, que comunicará por que essa verdade é tão importante para mim. Quando eu tinha treze anos, minha mãe adoeceu com tumores nos seios. Suspeitamos de câncer, embora ela tenha se sentido especificamente orientada pelo Senhor a não fazer uma biópsia. Sua saúde desabou rapidamente. Logo ela estava praticamente presa à cama, incapaz de muitas funções diárias normais, como preparar refeições.

Vi meus pais começarem a buscar a Deus com um desespero sem paralelo até então. Eu saía para a escola pela manhã com minha mãe sentada no sofá, lendo a Palavra. Eu voltava da escola para casa e encontrava minha mãe ajoelhada no sofá, um lenço de papel por perto, clamando a Deus. Meu pai (um pastor) também estava indo para seu escritório e clamando a Deus de maneira semelhante. Sua busca por Deus tornou-se um fervor de 24 horas, em tempo integral. Eles estavam desesperados por uma reviravolta, porque sem isso, minha mãe morreria.

A história é fascinante e sublime (eu a conto com mais detalhes em meu livro *O Fogo das Respostas Tardias*), mas aqui está o ponto principal: minha mãe foi curada instantaneamente uma noite enquanto meus pais adoravam a Deus. No momento em que este livro foi escrito, ela tinha acabado de completar 70 anos e estava cheia de força e vigor!

Mas aqui está o que ficou gravado no coração desse garoto de 13 anos enquanto eu via Deus responder aos meus pais: *Busque a Deus de todo o seu coração e Ele será encontrado por você.* Tenho a convicção pessoal de que a resposta para todos os problemas é encontrada na busca fervorosa da face de Cristo. Essa verdade ficou gravada em mim enquanto eu testemunhava o poder de cura sobrenatural de Deus tocando minha mãe.

E agora, muitos anos depois, enquanto estou pessoalmente enfrentando a maior crise da minha vida, fui equipado, por meio do testemunho de meus pais, com um fervor para buscar a Deus com tudo o que tenho. E aqui está o que estou defendendo: estou crendo que Deus vai me visitar e me curar com Seu poder de ressurreição, para que meus filhos possam testemunhar o poder sobrenatural de Deus tocando seu pai, porque eu tenho três mudadores do mundo em minha casa! Acredito que meus filhos serão líderes em sua geração, equipados para façanhas poderosas na graça de Deus. Quando eles virem o poder de Deus me tocar, ele queimará algo em seus corações que nenhum calor, pressão ou crise jamais será capaz de tirar deles.

Como o primeiro livro da Bíblia escrito, o livro de Jó fala do último dia. Jó é um exemplo dos apóstolos do tempo do fim. A cura de Jó fala do notável poder apostólico que será liberado na última hora. Os apóstolos dos últimos dias que são usados nas dimensões mais elevadas do poder também serão os que mais sofrerão. *Deus confiará as dimensões mais elevadas de poder apenas àqueles que foram castigados pelo sofrimento, pois são vasos seguros.* Paulo exerceu um poder e autoridade incomuns porque havia sofrido muito. Somente aqueles que sofrem na carne são mantidos puros das inclinações arrogantes e vaidosas da carne.

Uma Revelação de Deus

Finalmente, Jó recebeu uma revelação de Deus em primeira mão! Nada mudou mais Jó do que esse encontro revolucionário de paradigma com Deus.

Não há nada maior para cobiçar. Moisés clamou: "Senhor, mostra-me a Tua glória". Ele queria ver Deus! Deixe esse desejo inundar seu coração, uma paixão para que Deus abra seus olhos e revele Sua beleza.

Quando Deus escolhe se encontrar conosco, Ele não condescende e Se rebaixa ao nosso nível. Ele nos eleva ao Seu nível! Deus não desce até Jó, Ele o eleva ao trono. Esta é a glória e esplendor pelos quais Jó suspirou em 19.27!

As últimas palavras de Jó fazem o faminto salivar: **"Com meus ouvidos eu tinha ouvido falar acerca de Ti, mas agora meus olhos Te veem. Por isso, me abomino e me arrependo no pó e na cinza"** (42.5-6). Esse encontro pessoal com Deus batizou Jó em um relacionamento fervorosamente íntimo com Ele. Agora Jó conhecia a Deus em uma dimensão de intimidade baseada na experiência compartilhada. (Nota: A promoção do Senhor não é necessariamente uma posição mais elevada nos escalões dos homens, embora possa incluir isso. Mas, melhor ainda, é uma elevação a realidades espirituais mais elevadas. É o lugar mais elevado da intimidade mais plena, de maior revelação, de conhecimento livre).

Jó entrou na promessa que Jesus nos deixou: "Bem-aventurados os limpos de coração, porque eles verão a Deus" (Mateus 5.8). Jó manteve-se puro, mesmo em sua aflição, e foi recompensado com o maior presente que qualquer homem pode receber nesta vida: uma visão de Deus.

Jó conheceu Aquele que é desde o princípio, a principal qualidade dos pais espirituais – "Eu vos escrevo porque conhecestes Aquele que é desde o princípio" (1 João 2.13). É necessária uma revelação poderosa de Deus para lançar alguém nesta dimensão da paternidade espiritual.

"Por isso, me abomino e me arrependo no pó e na cinza". Alguém pode dizer: "Veja! O problema na vida de Jó realmente era o arrependimento! Se ele tivesse se arrependido no início do livro, ele não teria passado por tudo isso". Não, meu amigo, você não entendeu.

Jó está tendo aqui a mesma experiência de Isaías que, quando viu a Deus, disse: "Ai de mim, porque estou arruinado! Porque eu sou um homem de lábios impuros e habito no meio de um povo de lábios impuros; porque os meus olhos viram o Rei, o Senhor dos exércitos" (Isaías 6.5). Esta é a experiência de Daniel que, ao ver Deus, ficou doente por vários dias. Esta é a experiência de Ezequiel, que caiu com o rosto em terra diante da glória do Senhor. Esta é a experiência do apóstolo João que, ao ver seu Amigo com quem convivia por três anos, caiu por terra como um morto por causa da glória suprema do Cristo ressuscitado.

Jó estava vendo Deus em Seu esplendor primitivo, e sua única resposta poderia ser depreciar-se e glorificar a Deus. Ele viu como realmente estava falido em contraste com as riquezas da glória de Deus. Oh, que maravilha e magnificência ele contemplou! *Mesmo que a autorrevelação de Deus possa ser difícil para nós, humanos, processarmos, a grandeza insuperável de contemplá-Lo vale a pena!*

Agora, este não foi simplesmente um ato único de arrependimento da parte de Jó. Ele não estava simplesmente dizendo: "Sinto muito, Senhor, por minhas palavras ousadas e más atitudes". Jó estava dizendo que havia saído de sua provação com uma profunda consciência de sua própria fraqueza, inadequação e insignificância. Ele era um homem quebrantado. *Esse sentimento de falência pessoal nunca o deixaria porque foi comprado no fogo, e o capacitaria a andar em verdadeira dependência e humildade diante do Senhor pelo resto de sua vida.*

Parte da revelação de Deus por Jó incluiu coisas que os capítulos 38-42 não detalham. Na verdade, aspectos dessa revelação são detalhados nos capítulos 1-2. Em algum momento após a libertação de Jó, ele recebeu uma revelação na sala do trono de Deus. Jó experimentou algo semelhante ao do apóstolo Paulo, que escreveu sobre si mesmo: "Conheço um homem em Cristo que há catorze anos (se no corpo ou fora do corpo, não sei; Deus o sabe) foi arrebatado até o terceiro céu. Sei que tal homem (se no corpo ou fora do corpo, não sei; Deus o sabe) foi arrebatado ao paraíso, e ouviu palavras inefáveis, as quais não é lícito ao homem pronunciar" (2 Coríntios 12.2-4). No final, Deus revelou a Jó como se desenrolou o drama celestial que iniciou toda a sua provação. Jó viu o trono e viu como os santos **os filhos de Deus se apresentaram diante do Senhor"** (1.6).

Eu acredito que é seguro sugerir que Jó foi o primeiro ser humano a ter um vislumbre (da Terra) do glorioso trono de Deus. Ele teve uma visão das realidades celestiais. Ele também revelou a incrível afeição que Deus derramou sobre ele quando mostrou a ele o que pensava dele o tempo todo. "O Senhor pensava assim sobre mim desde o início?" Jó deve ter se perguntado. Este é Deus dizendo a Jó: "Tu és belo, meu amor; Teus olhos são como os da pomba; tu és o único de sua mãe".

Esta revelação de Deus revolucionou as prioridades de Jó no reino. Deus o transformou de "trabalhador que ama" em "amante que trabalha". Esta mudança motivacional está no topo dos objetivos do Espírito Santo para esta hora. Ele está Se revelando a nós para que possamos crescer fora de nosso modelo de servo e entrar em uma consciência nupcial. O paradigma predominante que está sendo modelado na igreja hoje é o do servo, o obreiro que ama. Quase todas as conferências têm como objetivo elevar os trabalhadores. Mas Deus está mudando isso. *A revelação de Cristo como nosso Noivo nos despertará para nossa identidade, antes de mais nada, como amantes de Deus.* A chama dessa paixão, por sua vez, acenderá os maiores trabalhos pelo reino, sem esgotamento, porque nada nos prepara para o serviço perseverante melhor do que a paixão.

Para aqueles que estão esperando por uma revelação de Deus, deixe-me dar um último encorajamento: "Com o benigno Te mostrarás benigno; e com o homem sincero Te mostrarás sincero. Com o puro Te mostrarás puro; e com o perverso Te mostrarás indomável" (Salmo 18.25-26). O homem misericordioso, irrepreensível e puro mantém esta confiança: *"Tu te mostrarás"*. Sim!

Escalando a Montanha

O Salmo 18 é paralelo a Jó 42, porque é o salmo da oração respondida. No Salmo 18, Davi se alegra com a vitória que Deus lhe deu sobre todos os seus inimigos. Enquanto ele exulta na libertação de Deus, Davi fala sobre como o Senhor o trouxe a um lugar amplo e alto. Ele escreve: "Faz os meus pés como o da corça e põe-me nas minhas alturas" (Salmo 18.33).

Como Jó, Davi está dizendo: "Deus não apenas respondeu à minha oração; Ele me ergueu a um lugar mais alto do que eu jamais havia conhecido". Jó foi elevado às alturas do Espírito e desfrutou das delícias de Deus que são alcançadas no topo da montanha da oração atendida.

Mas ao meditar no Salmo 18.33, vi o seguinte: *as terras altas da promoção espiritual são traiçoeiramente íngremes*. As alturas mais altas em Deus não são colinas arredondadas, são escarpas salientes. Os lugares altos do Espírito são caracterizados por penhascos íngremes e taludes escarpados. Para navegar nesse tipo de terreno rochoso, primeiro devemos ter nossos pés treinados como os de uma corça.

Falei com caçadores de corças, e eles falam com espanto e admiração sobre a capacidade das corças de andar em declives íngremes. A pata de uma corça não é dura como o casco de um cavalo, mas é mais macia e flexível. Portanto, seus cascos funcionam quase como dedos, e uma corça parecerá quase agarrar a rocha ao escalar a encosta de uma montanha. Ela é capaz de se firmar nas partes mais precárias de formações rochosas afloradas. As corças são capazes de andar em encostas íngremes, subindo com incrível velocidade e graça imponente.

Os lugares elevados de Deus são traiçoeiramente perigosos. Se você cair nas colinas mais baixas de Deus, pode aguentar alguns cortes e hematomas, mas então pode se levantar, se limpar e seguir em frente. Não é assim nas elevações mais altas. Se você cair nos precipícios mais altos dos lugares elevados de Deus, isso pode significar sua destruição.

A história da igreja está repleta de histórias de homens e mulheres que caíram das coisas superiores do Espírito. Alguns desses perigos são: orgulho espiritual, elitismo, julgamento, espírito religioso, espírito independente, autoengano, sentimento de ser indispensável, lidar com o louvor do homem quando lhe é concedida revelação mais elevada, administrar apropriadamente a influência sobre as pessoas que aparecem quando outros honram suas realizações, lidar com as finanças que fluem com a unção... e a lista continua. Esses perigos têm o potencial de destruir se não forem administrados adequadamente.

Os pais espirituais são capazes de guiar os crentes mais jovens enquanto eles escalam a montanha de Deus porque pagaram o preço para descobrir as armadilhas. *Pais espirituais são aqueles que têm as cicatrizes para provar que já percorreram os caminhos perigosos da estrada superior em Deus.* Eles arranharam os joelhos nos obstáculos irregulares e são capazes de dizer: "Não pise aí!"

Deus tem coisas superiores para você; Ele pretende levá-lo às coisas elevadas do Espírito. Mas Ele o ama demais para dar a montanha sem o treinamento de seus pés. Então, Ele o levará para o vale, onde Ele o trará para o treinamento intenso de seus pés. Então, quando você começar a caminhar nas montanhas de Deus, caminhará nesse terreno com extrema cautela, humildade, quebrantamento e dependência implícita de Deus.

As Escrituras nos dão um exemplo impressionante de um homem que andou nos lugares altos de Deus e caiu para sua destruição. O homem a quem estou me referindo era o filho do escritor do Salmo 18.33. Quando Davi deu o reino de Israel a seu filho Salomão, tudo estava em ordem. A nação era próspera, eles tinham paz em todas as fronteiras e a adoração verdadeira era estabelecida no santuário. Salomão recebeu o reino em uma bandeja de prata. Ele conseguiu tudo – com facilidade.

Então, o homem mais sábio que já viveu fez a coisa mais estúpida. Salomão – o homem a quem Deus deu sobrenaturalmente incrível sabedoria e inteligência – adorou um bloco de madeira. Pense nisso! Ele adorava um ídolo inanimado! (Suas muitas esposas o seduziram à idolatria). Estamos falando de um homem que escreveu livros inteiros da Bíblia! Salomão havia caminhado pelas terras elevadas dos Cânticos de Salomão e observado os tesouros escondidos de Provérbios. E agora ele adora um ídolo? O que há de errado com esta imagem?

É verdade que Salomão atingiu alturas maravilhosas no Espírito, mas ele não tinha os pés treinados como os de uma corça no vale. Ele recebeu tudo com muita facilidade. Ao contrário de seu pai, Davi, que passou sete anos fugindo do rei Saul como fugitivo por sua vida, Salomão não teve anos no deserto. Ele não teve cadinho. Ele conseguiu a promoção sem a poda. Ele escalou a montanha sem primeiro mergulhar no vale e, como resultado, não estava suficientemente preparado para os precipícios traiçoeiros da montanha.

O Senhor o ama demais para permitir que você se destrua nos lugares altos, como fez Salomão. Portanto, Ele treina seus pés no vale de Jó, sensibilizando sua caminhada para os perigos e equipando-o para navegar nas alturas de Deus com graça e beleza.

Deus não impõe o cadinho de Jó a ninguém. Ele o concede àqueles com um clamor insaciável em seus corações por uma herança superior. Não tema, Deus não o conduzirá por um caminho pelo qual você não pleiteia desesperadamente. E se Ele o trouxer ao cadinho de Jó, não tema – é por causa de Sua grande afeição por você (Apocalipse 3.19).

Não se engane, as alturas de Deus têm um grande preço. Deixe o sábio calcular o custo. Mas veja o que Jó alcançou! E acredite em quem está escalando a montanha: *vale a pena!*

Mas, como está escrito: "As coisas que o olho não viu, e o ouvido não ouviu, e não subiram ao coração do homem, são as que Deus preparou para os que O amam" (1 Coríntios 2.9).

Gostou?

Você foi abençoado por este livro? A leitura desta profunda obra foi uma experiência rica e impactante em sua vida espiritual?

O fundador da Editora Atos, que publicou este exemplar que você tem nas mãos, o Pastor Gary Haynes, também fundou um ministério chamado *Movimento dos Discípulos*. Esse ministério existe com a visão de chamar a igreja de volta aos princípios do Novo Testamento. Cremos que podemos viver em nossos dias o mesmo mover do Espírito Santo que está mencioado no livro de Atos.

Para isso acontecer, precisamos de um retorno à autoridade da Palavra como única autoridade espiritual em nossas vidas. Temos que abraçar de novo o mantra *Sola Escriptura*, onde tradições eclesiásticas e doutrinas dos homens não têm lugar em nosso meio.

Há pessoas em todo lugar com fome de voltarmos a conhecer a autenticidade da Palavra, sermos verdadeiros discípulos de Jesus, legítimos templos do Espírito Santo, e a viermos o amor ágape, como uma família genuína. E essas pessoas estão sendo impactadas pelo *Movimento dos Discípulos*.

Se esses assuntos tocam seu coração, convidamos você a conhecer o portal que fizemos com um tesouro de recursos espirituais marcantes.

Nesse portal há muitos recursos para ajudá-lo a crescer como um discípulo de Jesus, como a TV Discípulo, com muitos vídeos sobre tópicos importantes para a sua vida.

Além disso, há artigos, blogs, área de notícias, uma central de cursos e de ensino, e a Loja dos Discípulos, onde você poderá adquirir outros livros de grandes autores. Além do mais, você poderá engajar com muitas outras pessoas, que têm fome e sede de verem um grande mover de Deus em nossos dias.

Conheça já o portal do Movimento dos Discípulos!

www.osdiscipulos.org.br